毛澤東在井崗山

盧強、史補之原著

紅軍的重要史料——毛澤東的發跡

蔡登山

民國十六年毛澤東領導的湘南「秋收暴動」失敗後，毛澤東不但失去了黨的地位而且受到嚴切的責難，但他富於英雄主義又有個湖南「驢子」的性格，當然不甘雌伏的，於是在這年冬天帶者那批殘兵敗將和地痞流氓約六七百人，經湖南茶陵、攸縣流竄到江西寧崗，並選定井崗山做為軍事根據地，所以井崗山可說是未來「紅軍」的發祥地。

井崗山介於湖南、江西兩省交界處，巍峨高山、巉巖峭壁，憑險固守，極難進攻。在毛澤東尚未落草前，就有土匪王佐、袁文才盤據於此。毛澤東運用流氓打交道的手法，滿口仁義道德，騙得王、袁兩人服服貼貼，都接受了毛澤東的領導，並委派他們予營長的職務，從此毛澤東便在井岡山立定了腳跟，井岡山附近的居民，也都稱他為毛司令。

而起初有王佐、袁文才的二百餘人和槍，加上毛澤東的部隊，還不到千人。後來朱德率領「紅四軍」來與毛澤東會合，朱擁有人員一千八百餘人，步槍八百多枝，另有迫擊砲四門，機槍八挺，手槍數十枝，於是井岡山聲勢大振。後來國軍的彭德懷、羅炳輝率領所部叛變，又攜來一批槍枝，井岡山的勢力從此坐大。

毛澤東當時在共產黨中央並不是重要的角色，當時黨中央一直在共產國際直接豢養的一批知識份子的手中把持著。毛澤東幾次想擠到黨中央去，但在共產國際不予賞識的情況下，始終沒有成功。後來一連串的暴動失敗後，黨中央的領導權發生激烈的爭奪戰，先是陳獨秀被踢開了，接著是瞿秋白也失勢了，之後是向忠發被捧上台，最後終於由在蘇俄受訓號稱共產國際忠實走狗的陳紹禹（王明）攫到了領導的實權。毛澤東在失望之餘，獨自跑到井岡山這塊沒有無產階級的地方，要實現自己領導無產階級革命的夢。

毛澤東在井岡山稱王，他著手創造所謂「中國工農紅軍」，並吸收中國歷代流寇作亂的經驗，創造了游擊戰的原則，就是：一、「敵進我退」。二、「敵退我進」。三、「敵駐我擾」。四、「敵疲我打」。五、「化整為零，集零為整」。六、「旋磨打轉，脫離敵人」。七、「猛打猛追，速戰速決」。八、「飄忽無常，乘虛避實」。這使得後來毛澤東的游擊戰確是神出鬼沒，他能從一群烏合之眾，最終能席捲天下，就是得力於他戰術的成功。

然而毛澤東也開始一連串地內鬥，有「富田事變」及和朱德的矛盾衝突、反「立三」路線等等。其中富田事變發生於民國十九年十二月初。富田是江西省吉安縣的一個大村莊，江西省行動委員會和紅軍第二十軍都駐在那裡。毛澤東認定江西省行動委員會內有一個A・B團省總團部，便派李韶九和古柏帶人前往富田捉拿，捕去省行委段良弼、李伯芳和紅二十軍政治部主任謝漢昌等，立即開始刑訊，邊審邊抓，抓了一百二十多人，處決了二十四人。這是毛澤東要剪除異己的作法，他要在江西蘇區擁有絕對的領導權，樹立他列寧的地位和形象。反A・B團運動可以說是毛澤東以運動方式殺人的一個開端。此後，延安的整風運動，以及建國後的三反五反、反右、文革，連綿不絕，都是此「紅色恐怖」的延續。民國二十年十一月毛澤東成立「中華蘇維埃共和國」，自任蘇維埃政府主席，以瑞金為赤都，完成他「稱孤道寡」的美夢。

民國二十三年國軍更番不斷的五次圍剿，在內外交迫之下，毛澤東遂不得不忍痛放棄那盤據七年的老巢，去渡那前路茫茫、托身無所的流竄生活。其處境之窮蹙、命運之險惡，是不難想像的。

井崗山的落草，是朱毛兩人「成家立業」的起步，這期間如共軍的改編，游擊戰術之創始，分田鬥爭之暴政，都在此時完成其初步的試驗。但觀之以往的任何書籍文件均無詳細之記載，而中共方面更加諱莫如深。筆者找到盧強及史補之的著作，兩位作者從不同的面向來寫毛澤東在井崗山，事件有詳有略，但都有近身的觀察。或許作者是當年參與剿匪之人，或許聽聞口述材料，總之可看出其材料之珍貴，尤其在中共比較諱言這段不光彩的日子，總是寥寥數筆帶過，則《毛澤東在井崗山》一書就更顯出它的價值所在。

作者盧強目前不知其真正身份，只知他一九四九年後移居香港。他的書在一九五一年由香港的自由出版社出版（此出版社為美方支助的第三勢力所創辦的，幾年後旋告解散）。史補之，用的恐是筆名，即是對歷史想「拾遺補闕」之意，他在文章中說：「抗戰中期，筆者于役遂州，曾由當地仕紳鍾士桓君陪登井崗山。」又他在重慶時見過「七君子」中的唯一女性史良大律師，而抗戰勝利後，民國三十六年史補之因事過滬，見到「七君子」中的王造時，史、王兩人給他都留下極為不佳的印象。史補之的文章先後在六〇年代的香港《春秋》雜誌連載過，其後在一九六四年也出版單行本。

而對於史補之書中的〈派系鬥爭楊永太被刺〉一章，所言大抵是正確的，但由於最近有新的資料出土，暗殺的兇手終於出現了，筆者特寫了一篇〈楊永泰被暗殺的內幕〉可補該書之不足，轉登如下：

北伐成功，訓政之始，需才孔殷，時黃郛方息影於莫干山，蔣介石一再挽其復出，黃郛堅決婉却，乃薦楊永泰（暢卿）自代，他向蔣介石稱道：「楊暢卿才識卓越，好學不倦，世界古今政治、經濟、社會、軍事，俱有深厚研究，足以佐治。如以郛有一具之長，則暢卿具備之，而暢卿所能者，郛有時還不及。訓政伊始，繁難正多，望破格延攬之，免失去此一在野之幹才。」一九三〇年楊永泰任國民革命軍總司令部參議，參與密笏。一九三一年五月，寧粵分裂，楊以粵人，曾奉派到香港對粵軍進行策反工作，頗著勞績。同年，兼軍事委員會秘書長。一九三三年任軍委會委員長南昌行營秘書長。一九三四年任豫、鄂、皖三省剿匪司令部秘書長。嗣任軍委會武昌行營秘書長、國民黨候補中央執委。被蔣介石稱為「當代臥龍」。據楊永泰的舊友陶菊隱回憶當時楊永泰得寵時的情形說：「同年（指1933年），我由南京回長沙掃墓，便道到南昌去看他（指楊永泰）。當我到行營二樓秘書長室時，看見對面一間就是委員長（1932年，蔣介石任國民政府軍事委員會委員長）室；同時得悉，在行營內，秘書長的名次僅居委員長之下，而居參謀長之上。像這種排列法，在軍事機關中是無前例的。因此可以說，這時蔣對楊是信任有加，幾乎達到了言聽計從的地步。」名報人雷嘯岑（馬五）也說：「楊氏以其先天的智慧與後天的學養，在擾攘紛爭的中國政治界，北走胡而南走粵，馳騁一二十年，對於縱橫捭闔之術，經驗充足，而於撥亂反正的因果關係，亦具有獨特的見解，不愧為一代突出的謀臣策士，殆如王闓運所謂『名法家』之流，很容易膺受一般要想建大業、打江山的英雄豪傑之士的賞識親近。」

受到寵信的楊永泰已開始拉幫結派了，從南昌行營內的黨政委員會六個處長名額就可看出，其中五個竟是楊永泰推薦和與楊有密切關係的政學系人物，這一點引起了CC陳立夫、陳果夫兄弟大為不滿。後來楊永泰甚至想當行政院長，於是國民黨內好多高官也紛紛彈劾楊永泰，蔣介石也感到楊永泰政治上野心太大，於是在一九三五年十二月把楊永泰放出去當上湖北省政府主席兼任省保安司令。

楊永泰以才氣縱橫，鋒芒畢露，易遭人忌，他自己確也深知，只是生性使然，無法自行抑制。他出任湖北省主席後，亦隨時警惕戒備，非遇開會拜客，很少外出，遇必要外出時，亦必著防彈衣，以防意外。一九三六年十月二十五日，楊永泰在漢口江漢關輪渡碼頭遇刺殞命。關於楊永泰被刺經過，據當時也在現場的關棠的回憶：「美國駐漢領事夫婦曾預約楊主席夫婦、漢口市長吳國禎夫婦、漢口特別管理局局長郭泰祺夫婦及我夫婦於民國二十五年十月二十五日正午在家裡共進午餐。……屆時暢公夫婦偕我夫婦同坐省府差船過江，抵碼頭吳市長已備車在等候。午餐完畢，適值大風雨，差輪很小，不宜乘坐，楊夫人提議暫不宜過江，……堅持改乘普通乘客輪渡江，楊夫人力阻不聽。刺客早已在碼頭左右守候，瞥見暢公並無衛士跟隨，且在普通輪渡碼頭乘來往乘客擁擠之際更易動手，遂趨前連放兩槍逃匿。楊夫人偕司機急送同仁醫院救治，因彈中要害（當天因匆忙，並未著防彈衣）旋即逝世。」

陳布雷在次日日記中有很簡短記載：「今日閱報知楊暢卿於昨日下午在漢被狙擊逝世，即電唁其家屬，暢卿為人自負太高，言論行動易開罪於人，一般對之毀譽不一，然其負責之勇，任事之勤，求之近日從政人員中亦不可多得，竟犯非命，致足惜也。」陳布雷是否知道被殺內幕，從日記中看不出來，但楊得罪人太多他是知道的。

楊永泰被刺，蔣介石聞訊，尤為震悼，急電湖北省府治喪公葬，優典飾終，並親撰輓聯云：「志慮忠純，治績永為江漢式；謀謨直諒，艱危長念范韓才。」褒揚備至。並嚴令緝兇追查主使。當時戴笠正任執軍委會調查局，他親自主持此案的偵查工作。抓獲兩名刺客龔柏舟、陳夔超，供出幕後指使的是胡漢民的得力幹將劉蘆隱。一九三七年初，得知劉蘆隱從香港回到了上海，「藍衣社」在法租界密謀綁架未遂。他們通過淞滬警備司令部與法租界進行交涉，最終將劉蘆隱引渡到了武漢。不久，南京政府秘密偵查廳正式對外公告，楊永泰遇刺案結案，判處陳夔超、龔柏舟死刑，判處幕後指使者劉蘆隱十年徒刑。周德偉在其回憶錄《落筆驚風雨》一書中說：「劉（蘆隱）乃一木訥無能之人，向不接近群眾，且亦無嘍囉，有何能力行暗殺之事。此事係CC系首腦陳果夫、陳立夫忌楊居蔣之左右，勢力日張，乃使中統局之秘密人員殺之。此事蔣知之，亦不過問。CC系乃造為劉蘆隱主謀之說，幽禁之於四川，無從申辯。此已成為公開之秘密。」一九三八年，陳夔超、龔柏舟被轉押到武漢行營準備處以極刑，死刑尚未執行，正好趕上日本對武漢大轟炸。兩人又被轉往陪都重慶，行船途中龔柏舟抱著必死的決心，借著霧大水急跳江僥倖逃脫，陳夔超被押解到渝，慷慨就義。這樁懸案總算將就著有了一個不算是答案的答案。

而在一九九六年，這樁懸案經過半個世紀之後，曾經是軍統別働總隊的一員，後因提出「若能攘外，內則自安」的主張，被總隊隊長康澤下令密捕，而潛逃至上海，組成「中華青年抗日鋤奸團」的陳有光（1910－1996）在彌留之際，道出此案是「中華青年抗日鋤奸團」所為，並由他策劃。他說：「是月二十五日下午二點過鐘，發現楊與其妻由武昌過江到漢口，赴日本駐漢口領事館之宴。但因江面風浪大，未坐差輪而改乘普通輪渡。除平時的警衛人員外，又增加了四個武裝警察護送，戒備非常森嚴，無法行動，只能眼巴巴地看楊坐上汽車揚長而去，護送的警察完成任務後便回武昌去了。我們暗將車號記下，將行動人員暫時撤離，寄望於楊返回武昌的機會。下午四時，行動人員準時回到預定位置等待。五點過鐘，楊乘車到江漢關輪渡碼頭，下車偕同妻子走下碼頭的石階，龔柏舟、陳夔超（譚文信）二人箭步跟上狙擊，連發數槍，楊應聲倒地致命，其妻被驚駭得呆若木雞，警衛人員不知所措，江岸行人聞槍生而四面奔跑，龔、陳二人乘人群混亂之機，按預定路線撤退。陳卻在慌亂之中，走錯了方向，背道東行，孤軍無援，到了江漢路就被逮捕了。龔雖順利地到達預定地點，並安全地轉移到南京，但後來仍不幸被捕押送武漢。」

有人說：政治上只有勝敗的定評，而沒有是非的定評，因為政治上許多黑暗內幕，除了雙方當局者深切瞭解外，局外人是無法知道的，有時弱的方面一旦落在強的手中，其是與非，雖然恰與事實相反，但一經指證，百口莫辯，

「莫須有」的冤案，於焉造成。由此觀之，劉蘆隱應是蔣介石剷除異己的替罪羔羊罷了。

我常覺得歷史是由許多的人與事構成的，這些人與事可謂複雜而多端。因此面對如此情況，「秉筆」寫歷史的史家如何「直書」，一直以來就是值得思考的問題。即如世稱良史的司馬遷，他書中所言的史事，鑿如就在眼前，而這果如鑿鑿乎？實在不能不令人有此疑問。等而下之者，如「史傳」中的本紀列傳、「家傳」的事略行狀、甚至「自傳」的回憶錄、口述歷史等等，常常不是失之於略，便是病之於蔽，甚至於詭譎虛假，顛倒是非，不一而足。

但有些親歷親聞的記載，有時總會適時給後來的研究者提供一些方向，當然你也不必、也不可全部採信，因為有些人發表回憶錄時，已年屆八、九十的高齡了。記憶難免失真，敘事更難免錯誤，對於他所口述的有關史實，正需要代筆撰寫回憶錄之人多多費心查核訂正，否則就難免出錯了。

《毛澤東在井崗山》一書，提供了較為不為人知的一段史實，也可說研究紅軍的珍貴史料，面對這些史料，恐年遠代湮，特加以整理校定重新排印，以為後來者檢尋之便，微意如此。

目次

井岡山的烽火

毛澤東在井崗山

盧強　著

楔子

梁山泊因宋江而聞名，所以一提起宋江，就連想到梁山泊。同樣，若提起了梁山泊，也就連想到宋江了。

井崗山因毛澤東而聞名，所以一提起毛澤東，就連想到井崗山。同樣，若提起了井崗山，也就連想到毛澤東了。

有人喜歡把梁山泊比井崗山，把毛澤東比宋江，這實在是一個不倫不類的對照。雖然中國共產黨常以此自喻——王若飛在重慶政協會上有「逼上梁山」之語，究竟還欠妥當。宋江有時還能劫富救貧，不失為一個綠林英雄，所以人人叫他「及時雨」。毛澤東呢？不管他怎樣說為無產階級謀利益，而民眾所得到的沒有別的，只有飢餓、恐怖、奴役、死亡而已。

毛澤東是救星？還是剋星？我們並無主觀的成見，必須從他一生的事蹟裡面，站在純客觀的立場上去觀察，去分析、去理解，然後作一個大公無私的回答。

井崗山是毛澤東的發祥地，毛澤東在登上了北京的大雄寶殿以後，還沒有忘記井崗山，並許下了建設井崗山的宏願。同時，在井崗山上的中共黨徒們，也導演了一幕趣劇——發動井崗山的民眾，上書「毛主席」致敬，正是：

今朝風雲際會日，
未忘井崗落草時。

這首半截打油詩，可為毛澤東吟詠了。
現在開始來講這個井崗山「英雄」的故事。

一、井崗山的形勢

山勢險峻

井崗山是羅霄山脈的中段。以井崗為中心，向四面延伸，可以與贛皖邊境的懷玉山，湘贛接壤的明月山，鄂贛毗鄰的幕阜山相貫聯。井崗山的主脈，是跨在江西永新，寧岡、泰和、遂川四縣的交界上。有巉岩峭壁，崗陵起伏，有古木參天，茂林修行；更有百丈瀑布，縱橫溪谷。春夏是花香鳥語，秋冬則虎嘯猿啼；風來時山鳴若應，雨到了湃澎洶湧。形勢因地各殊，氣象朝夕萬千，真是一個世外桃源。

從寧岡走遂川，首先要爬過汪洋界，那是進井崗山的第一關。由山腳到山頂，整整有十華里高，上完一峰又一峰，抬頭一看，聳入雲際，大有「一夫當關，萬夫莫敵」之慨。自遂川進井崗，從黃坳起上山，也約有十里之遙懸崖陡壁。此外通永新泰和，沒有大道，只是些樵夫所走的羊腸小徑，很少有人走動。周圍三百餘里，地形複雜，自成一個天下。

世外桃源

山中有許多小村落，三戶五家，竹籬茅舍，點綴成趣。也有許多田地，一年一稔，老百姓四季都吃紅芋，穀子不多。比較大的地方，是大井小井和茨坪……。小井號稱小南京，那裡有十幾家鋪子，賣些鹽油雜貨。一泓流水，橫跨木橋，富有濃厚的詩意。茨坪是井崗山的最高平原，此地有幾十戶人家，並且有條小街，一般的老百姓與外面來往很少，「山高皇帝遠」，他們在那裡過著簡單而寧靜的生活。

由於天然環境的關係，民性強悍，一向是「索子兵（即土匪）的巢穴，山外人對於井崗山是懷著神秘與恐怖交織的心情。」

二、坐山老虎

綠林世家

井崗山上第一隻坐山虎，名叫王佐，矮而胖的中等身材，機警多變，有弟王燕鳳，也是個彪悍人物。兩兄弟不務正業，做的是「無本生意」，遠近聞名。地在離茨坪八九里路的地方，建築了一座碉堡式的中西合璧大樓房，它在山裡面稱得上是現代化的建築，王老虎生性天真而古怪，不像道學先生模樣。他看到了封建社會裡面那些「進士及第」，「恩科舉人」之類的牌匾，非常羨慕，並且也有興趣。他自己想：我不是什麼舉人進士出身，但牌匾卻非掛不可。想來想去，沒有別的主意，索性打「綠林世家」的招牌吧？計劃已定，請了一位老學究先生，寫了一筆顏體的「綠林世家」四個大字。即日興工，點金髹漆，把這塊招牌高高掛在正門的門楣上，那樣的燦爛輝煌，王老虎看了再看，很得意的笑了。

難兄弟袁文才

袁文才是寧崗人，家住在汪洋界腳下的茅坪。他是寧崗客籍中的實力派。曾在永新禾川中學讀過書，比王佐足智多謀，打駁壳槍百發百中。他雖然不是「綠林世家」，到也和王佐互通聲氣，訂了「互助友好條約」，河水不犯井水，各人幹各人的「買賣」。袁文才三個字，在鄰近各縣，誰人不知，那個不曉，就在這樣的情形下，稱霸了二十幾年。

王佐、袁文才好像是一對異姓兄弟，常被人並稱。他們是井崗山上的風雲人物，風雲也就象徵他倆的命運，結果是風流雲散，不得善終，這是後話。

三、逃上井崗

窮途落草

井崗山的大名，傳到了毛澤東的耳朵裡，他幼小時讀《水滸傳》，《粉妝樓》，對於宋江殺妻，胡奎雞爪山賣人頭的故事，很感興趣，所以說到井崗山，他便心神嚮往。

古語說：無巧不成書。毛澤東從民國十六年四月自國民黨「清共」以後，就躲在湖南鄉下，仍然做他禍國殃民的勾當。同年九月間，他糾合了一班亡命之徒，煽惑農民，「組織秋收暴動」，事發後，因烏合之眾，不堪一擊，經國軍痛剿，就像煙消雲散一樣，逃得無影無蹤了。毛澤東乃落荒而走，被鄉民所捉，可是他命不該死，改名換姓，給他騙脫了。哪知他野心不死，集合了殘部三百餘人，破槍幾十隻，由蓮花走永新，進寧崗，逃上了井崗山，實踐他「山大王」的美夢。

四寇合流

毛澤東到了井崗以後，實行招兵買馬，廣納「賢士」，物以類聚，不久，朱德、彭德懷、黃公略，也就先後投奔井崗而來，合成了朱、毛、彭、黃四大盜的赫赫聲勢。

先是朱德在南昌當公安局長，民國十六年八月一日，賀龍、葉挺在南昌暴動，朱德本是個共黨份子，跟著叛變，隨賀、葉充馬前卒。逃到廣州，又參加「廣州暴動」，建立了三天的蘇維埃政權。失敗後，朱德帶領一百多人，於十七年三月逃到井崗山與毛澤東合夥了。

彭德懷於民國十七年尚偽裝在國軍裡面當旅長，駐防湖南平江一帶，那曉得彭是個人面獸心的傢伙，造成了「平江事件」，終因經不起國軍的圍剿、截擊，敗不成軍，於七月間，帶領人馬，曉行露宿，向井崗山投靠。黃公略到井崗不久，於十八年就被國軍飛機上的機槍掃射打死在馬背上，只是曇花一現，後來慢慢被人忘記了。

毛澤東井崗落草以後，自己坐第一把交椅，老百姓都叫他毛司令。他這個司令有多少人馬，外面的人是無法知道的。實在只有四百多槍，一千三四百人。雖然只有千多人，在井崗山上也是夠威風了。何況他是個新型的「綠林英雄」，老牌子的王佐、袁文才，終於甘拜下風了。

四、狐虎親善

多邊外交

一山不能藏二虎，井崗山是王佐、袁文才的老巢，毛澤東硬要「鵲巢鳩佔」，弄得不好，就會火併。但是，王、袁的實力趕不上毛澤東，只有隱忍，只有退讓。在初期王、袁始終不肯靠攏。可是，毛澤東因人地生疏，不能不以狐狸的態度，假裝和善，說什麼革命，要求合作。革命？不能打動王、袁的心；合作？他們也不感興趣。那怎麼辦呢？毛澤東不得不用「多邊外交」了。於是派出幾個「女同志」去和王佐、袁文才的壓寨夫人遊說，特別奉承袁文才的母親，「老太太，老太太」，叫得很甜蜜，使得她笑開嘴巴合不攏來。並且提出了優越的條件，袁文才編為第廿九團。王佐編為獨立營，補充他們的槍枝彈藥。團長、營長，多好聽的官銜呀！王佐、袁文才，跌進了升官途的陷阱中，再也爬不出來，何況還有「太太」，「老太太」在旁邊打氣。終於有一天，王佐和袁文才雙雙在毛澤東的司令部出現了。毛澤東滿臉笑容，親自送菸倒茶，還開了個很熱烈的歡迎會，殺猪宰羊，犒償三軍，毛澤東、王佐、袁文才，都興高彩烈，在彼此碰杯下，大家都醉了，也都笑了。

改編部隊

過了幾天，在茅坪的廣場上，人頭鑽動，大約有四百多人，一排一排的站著。王佐、袁文才穿著列寧裝的制服，佩掛手槍，耀武揚威，在那裡跑來跑去，指東劃西。原來是在改編部隊，那是民國十六年，年關在即，臘鼓頻敲的時節。這天，毛司令也親自到場講話：

同志們！今天是各位正式踏上革命陣線的一天，以後我們是一家人，要相親相愛。王同志和袁同志是地方上的群眾領袖，他兩個人願為解除民眾的痛苦而奮鬥。革命是不妥協的，不畏縮的，希望大家來共同努力。

自那天以後，王佐、袁文才出入毛澤東司令部，一時成了井崗山上的顯要人物，他的嘍囉們也比從前更神氣十足，老百姓都在驚奇，「索子兵」也革命？革命同「索子兵」一樣嗎？這只有毛澤東心裡明白，民眾的雪亮眼睛，也看得明白。

五、名士風流

癆傷病夫

現在井崗山已經統一了，沒有內顧之憂，井崗山是毛司令的天下。毛司令究竟是怎樣一個人？首先應該有個交代。在一般人的心目中，都以為毛司令是一個魁梧奇偉的人。戲台上插野雞毛掛紅鬍子的那些「綠林好漢」，不都是雄糾糾、氣昂昂嗎？哪知道毛司令另有他的風味。他是一個癆病鬼，據醫生說他的肺病已到了第三期。四月的黃梅天，他還可以穿棉襖，你說他的體格怎樣？

蓬首垢面

他的生活，是十足的所謂名派士，他蓄著向後一邊倒的頭髮，長年累月，不剪不梳，鬍子也不大常修，「蓬首垢面」，便是他的輪廓寫照。一身半舊的棉大衣，穿得像理髮匠的幫刀布，滿身油漬，說起話來，白沫四濺，得意忘形。我們試閉目想想，現在北京的「毛主席」，就是當年井崗山的「毛司令」，前後一人，並無多大分別，所不同者，只是頭髮梳得光些，衣服穿得好些，你看他領子風衣扣不扣，八角帽戴在後腦上，那一股流氣，還不是一樣嗎？

菸與女人

一個有肺病的人，若是有好的營養，過了四十歲以後，便不大要緊了。毛澤東就是在這樣情形下，一直不死。在他個人是幸運，在國家便是厄運了。

在井崗山時，一般的老百姓和他的官兵，是過著原始的野人生活。毛澤東是特別的。他派人化裝商人到城市上去搜買大批魚肝油和香菸，及其他的自用珍品。魚肝油是養肺病的良藥，他有充分理由向無產階級報帳，不能說他非無產階級化。香菸可以助思維，一個司令在千兵萬馬中能不需要嗎？他的菸癮特別大，五十枝裝的大砲台，白金龍，或大前門，一天要一聽至兩聽，他是一枝接一枝的燃燒著。這叫做「瓜子、老婆、菸，不能在身邊」。一在身邊，就必須享受。基於這個道理，他對於女人，亦有高度的愛好。何況「性慾亢進」是肺病患者的現象，好在女同志很多，在「性的解放」口號下，也就不成問題了。

壓寨夫人

民國十七年的暮春天氣，毛澤東靜極思動，不甘寂寞，親自帶領人馬，拔寨下山，進攻永新縣城。有一天毛澤東在街上經過，迎面走來了一個如花似玉的妙齡少女，老鷹遇到了小雞，是不會放過的。這個少女自那天以後，就失蹤了。毛司令賞識了她，把她帶回井崗山，榮任了壓寨夫人。那便是替補楊開慧遺缺的第二個比較長期的「太太」——賀自珍。（後改名子珍）毛司令固然是個身經百戰的採花能手，而賀子珍正當二九年華，英勇百倍，無奈毛司令只會「游擊戰術」，一遇頑敵，沒有不敗的。賀子珍每於月夕風晨，不無鬱鬱。有一夜毛澤東為了開會，計劃應付「圍剿」對策，徹夜不歸。第二天回來後，自覺有忝夫職，於是替賀子珍填了一首〈子珍自嘆詞〉來解嘲。那首詞寫道：

年華二九鬢未霜，
困守井崗待珠黃。
一燈如豆，愁上心房。
勤務兵，進門報道：
「毛司令開會正忙！」
伴枕對孤影，草榻夜生寒。
悔當初，暗神傷！
不如嫁個風流漢，
朝歡暮樂混時光。

自這首詞傳出以後，一時成為美談。毛澤東是喜歡咬文嚼字的。在延安時也填了一首〈沁春園〉，看他「數風流人物，還看今朝」之句，拿來比〈子珍自嘆〉，似乎要豪氣得多了。並且他今日的風流，恐怕也比井崗山時代風流得多了。

六、「解放軍」的前身

工農革命軍

閒話少說，言歸正傳。現在要回頭來敘述毛澤東武力的形成及生長情形了。毛澤東初到井崗時，自稱工農革命軍，他本身只有三百餘人，沒有機槍，也沒有大砲。所有的步槍也是些不同口徑的陳舊東西。這一支部隊的成份，大多數是各地方的流氓地痞。說來很有趣，有的穿青衣，有的著黑服，還有頭巾裹腦，長袍大褂，甚至有穿女裝的。形形色色，完全是土匪模樣。他們的編制是九個人一班，一班分三組，每組三人，配步槍一枝，梭標兩枝。在作戰時，如槍兵陣亡，即由另一人拾起槍再戰。除非一班人都打死了，否則，那三支步槍是不會損失的。若是繳獲了槍枝，就拋棄梭標，拿起新的武器。這樣就是他們在行動中保全實力的辦法。

他們雖然只有幾百人，可是他們有撒豆成兵之術。一方面用些虛番號——第×師，第×團，第×營等等名義，亂寫標語，到處張貼，使老百姓弄不清楚，他們究竟有幾師幾團，莫名其妙；一方面在駐紮地使用幻術，夜間派些人出去，白天又浩浩蕩蕩開進來，今天歡迎第幾團，明日歡迎第幾營，老百姓天天看到有兵來。於是乎造成風聲鶴唳，草木皆兵。老百姓都說：毛司令的兵真不少呀！總有幾千上萬人。其實，連王佐、袁文才改編了以後，也不過八九百人，這就是工農革命軍的玩意兒。

赤色的紅軍

到了民國十七年春，朱德來了以後，才改為「紅軍」，那些軍隊，裝潢得很紅了。無論官兵伕，以及政工人員，都佩紅袖章，掛紅領帶，槍桿上做些紅標記，梭標上綴些紅纓子，一身都是紅，這與義和團戴的紅肚兜很相像，看起來令人發生一種異樣感覺。當他們出沒在崇山峻嶺的時候，遠遠望見，極似紅色的杜鵑花，開遍了滿山滿谷，相映成趣。

當時毛澤東統領井崗山之眾，把所有人馬，編為紅軍第四軍，朱德任軍長，毛澤東是司令兼前敵委員會書記（黨的最高統治者）。第四軍共一千四百餘人，軍之下沒有師旅的編制，只有兩個團、一個獨立營。戰鬥力最強的是二十八團，因為該團有輕重機槍和迫擊砲。二十八團風頭很健，凡是攻不下的地方或打不了的仗，只要二十八團趕到，便可得勝回朝。

那時候軍隊裡的政工，還是黨代表制，在戰略上部隊長是要受黨指揮的。部隊長只負戰場上作戰的指揮責任，戰不戰是先由前敵委員會決定，所以毛澤東有無上的權威。

春末夏初的井崗山，帶來了新的氣象，也帶來了騷動。探子回來報道，楊池生、楊如軒發來兩師人馬，前來攻打山寨，於是忠義堂上（司令部）聚集了許多人，毛澤東決定派朱德領全軍傾巢出動，趕到永新、寧岡交界的七級嶺迎戰。說起七級嶺上七里、下八里，壁陡的石級小徑，是一個有名的關隘險道。朱德馬不停蹄，趕到山頂，竟佔了上風。一場惡戰在七級嶺展開了。雙方人翻馬仰，損失慘重，終於朱德得了勝仗，直追到永新縣城，師長楊如軒帶花先逃，繳獲了近千的長槍大砲。這一仗毛澤東贏得了賭本，如虎添翼，奠定了他縱橫南北的基礎，也是毛澤東發家的一個起點，關係非常重大。

王佐、袁文才，因為是坐山虎，地形熟悉，這一仗出力最大，應邀首功。

紅軍為什麼能夠慢慢發展壯大，一直到抗日戰爭爆發改為國民革命軍第八路軍時止，其間的過程是非常曲折而富有傳奇式的神祕的。

七、打游擊起家

怎樣叫打游擊

打游擊就是毛澤東能夠生存與壯大的總鬥爭方式。在井崗山時代的共產黨徒，對打游擊的解釋是非常廣泛的。不僅是一種軍事行動，而且是一種政治行動，也有經濟的任務，更有文化的作用。一切問題，都在打游擊中解決。宣傳呀！襲敵呀！籌款呀！他們的一切行動，無不以打游擊名之。所以打游擊成了共產黨日常生活的中心。

政略原則

打游擊的意義我們明白了，再分開來說它的內容。首先講政略問題，因為戰略是要受政略指導的。毛澤東的政略有兩個原則：一個是「組織鄉村」，另一個是「包圍城市」。「組織」是積極的爭取，「包圍」是消極的控制。怎樣去組織呢？第一就是利用地方上的流氓地痞做核心，以各種各式的名義——姊妹會、兄弟會等……作為掩護，建立據點，像梅花形一樣，再由點到線，把線擴大成為面。毛澤東把此名為「梅花據點」。鄉村中到處有了許多「梅花據點」了，到城市自然成了個「包圍」的形勢。於是城市就變做了「死城」，毛澤東並不是不喜歡城市，只是那個時候，他們沒有奪取城市的力量。相反的國民黨只注重城市，忽視了鄉村，以為鄉下鬧得雞飛狗上灶，沒有關係，只要城市不失，政權仍然存在，可以發號施令，號令能不能出城門，那是不管的。毛澤東這一政略的運用是非常成功了。

戰略原則

在這一政略原則下，產生了戰略原則，那就是「分散爭取群眾」，「集中應付敵人」。因為毛澤東的理想，革命（？）的武力，是軍事政治的統一體。所以他的「武裝同志」，也就個個是戰鬥員、宣傳員、組織員。「紅軍」每逢到了哪裡，以班為單位，或以排連為單位，採取逐漸推進的方式，向四面八方展開活動，召開群眾大會，進行宣傳組織調查工作，準備他們走了以後，在地方上生下根來。這些根會蔓延長大，變成據點，這種分散就是爭取群眾的政治工作。一旦敵人來進攻，他們馬上集中來應付，估計敵我的力量，不打沒有把握的仗，打得贏就打，打不贏就跑，這種集中就是應付敵人的軍事工作。

戰術原則

毛澤東的戰法，他自鳴得意。他的戰法就是孫子兵法上所說的奇兵。「敵進我退」、「敵退我追」、「敵駐我擾」、「敵聚我散」、「波浪式推進」、「盤旋式打圈」，使戰而不決，「拖住敵人、消耗敵人」，這叫做「持久的戰術」。「迅速接近敵人」、「趕快脫離戰場」，以及「突擊」、「夜襲」等，這叫做「戰役速決」。毛澤東的「錦囊妙計」，都在這裡了。

游擊區域

井崗山只是個游擊根據地，山裡沒有糧食，不能不向外面找出路，經常流竄於閩西，浙東、皖南、粵北、湘西、鄂東、贛西南等省邊區地帶。這些地區是毛澤東的天下，他權力所能達到的也只有這些地區。那時候在西北方面的徐向前、劉子丹，毛澤東沒有辦法管的。在毛澤東沒有到陝北以前，由於國民黨內部的矛盾，實施各個擊破，喫掉許多國軍，吞沒了許多地方武裝，毛澤東因此壯大起來了。幾年之間，擁有十萬之眾，佔領了幾十個城市，這是他發展的第一個時期。

八、土地革命

殺人

民國十七、八、九年，正是共產黨內盲動主義最猖獗的時期，也是毛澤東發展的第一個時期。打游擊是實施土地革命的主要動力，殺人又是土地革命的第一步工作。當時毛澤東的政策是「殺殺殺，殺盡土豪劣紳的頭」，他說土豪劣紳是封建社會的基礎，土地革命，是反封建的革命，所以殺人就成了革命的主要任務之一。他的游擊隊可以隨意殺人，也必須到處殺人。為了節省子彈，都是用大刀殺，梭標刺，有殺了幾十刀還不得死的。殺死了把頭割下來示眾，把心肺剜出來下酒。並且要被殺者的親屬殺——子殺父，弟殺兄，是很平常的事情。甲村的人要乙村殺，姓李的人要姓劉的殺。這就是毛澤東「製造革命環境」的策略，因為殺了人的人，不敢在家裡住了，「逼上梁山」，只有跟著毛澤東走，加入游擊隊，「紅軍」的擴大，這是一個秘訣。

放火

放火也是一舉兩得的事情，既可以鎮壓土豪劣紳，又可以製造亡命之徒，替「土地革命」開闢道路，所以他同時實行「燒燒燒，燒盡土豪劣紳的屋」的政策。那個時候，只要看到什麼地方火光沖天，黑煙漫地，就曉得是「紅軍」到了。火與「紅軍」結成了不解緣。他們燒屋有個特別辦法，就是把台桌、板櫈稻草堆在家堂土地神位上，只需一根火柴，便可化為灰燼，達成任務。

打土豪

燒殺是打土豪的一體兩面，現在要談到打土豪的本體。人殺了，屋燒了，所剩得的是什麼呢？雞、鴨、牛、羊、米穀、衣物，就是打土豪的實際收穫，這也是毛澤東「解決經濟問題」的一種策略。所謂「打土豪」一詞，實在是搶劫的別名。「紅軍」如果沒有給養了，就派隊出去打土豪，等待游擊隊凱旋時，大擔小筐，滿載而歸，大家又可以大吃大喝一頓了，不失「大王」雄風。但是為了爭取民眾，有時把「打土豪」的果實，選出一部份破爛東西，及笨重不易帶走的物件，發給貧苦民眾，以示「恩惠」。至擄人勒贖，是籌款的主要來源。這種辦法，恐怕是從井崗山王佐、袁文才那裡學習來的。凡此情形，「老蘇區」的民眾，說起來還津津有味，猶有餘悸呢！

分田地

殺人，放火，打土豪，是土地革命的清道工作，分田地才是土地革命的正題。毛澤東對於分田，特別重視。他訂定的原則是沒收一切土地，平均分配。而平均分配的辦法是：「抽多補少」，「抽肥補瘦」。如果是在春夏之交，秋收以前分田時，土地上的農作物也要歸分進田的人所有，這叫做「分青苗」。可是土地的肥瘦沒有辦法使它平均，土地的位置又有高低遠近的分別，要分得很勻，簡直是不可能的事。毛澤東卻強調平均這一點，其用心是「醉翁之意不在酒」，已很顯然。自十七年至二十年間，土地先後重分過三、四次，幾乎一年一分，甚至一年分兩次。在每次分田時，就煽動農民爭肥論瘦，扯高講低，農村中的鬥爭，便因此一次比一次尖銳，一次比一擴大，因而農村的分化，也就一天天加深了。這是毛澤東製造革命環境，和澄清革命陣線的一種方略，一種法寶。

現在毛澤東還要搞那舊「名堂」，卻改了一個戲名，不叫「土地革命」，而叫「土地改革」。因為過去「土地革命」的結果，幾十萬老百姓的「命」，為了「土地」革掉了。「老蘇區」的革命成績，只是增加了許多寡婦孤兒。老百姓再不需要「土地革命」，而且恨「土地革命」，所以毛澤東換個花樣，名為「土地改革」，以知其溫和漸進，意在使民眾不要怕。其實「土革」與「土改」，是十足原裝貨，不同的只是商標罷了。民眾的眼睛是雪亮的，僅管商標怎樣好看，廣告怎樣說得天花亂墜，貨色到手，仍能辨別真假優劣的，冒牌絕不會成功。目前因過「土改」這一大關，殺的人比「土革」時還要多幾倍。我想，毛澤東是要存心做中國空前絕後的大英雄，不肯讓張獻忠、李自成專美於前吧！

九、被困與突圍

紅米南瓜

毛澤東雖然經常下山做買賣，他自己和朱德是不輕易出馬的。並且還有許多傷病的嘍囉和婦女，不能不留守老巢。因此，山上的糧食菜蔬是很缺乏的。他們主要的生活品是紅米南瓜，要吃一頓肉非常困難（毛當然例外），除非打了土豪，得勝回寨。

背米打炮

為了要囤積糧草，以便對付國軍的「封鎖」，毛澤東來了一次總動員，從寧崗搬運糧食進山，必須經過汪洋界，因為道路曲折壁陡，難於肩挑，只好背負。但是，沒有袋子，他們發明了一種東西代替，用褲子把兩腳紮緊，把米裝滿了後，再將褲頭封好，像個V字形，駝在肩背上，爬山過坳，非常方便。朱德也親自參加起「帶頭作用」，跟著士兵一起幹，看他那副尷尬相，氣喘如牛，汗流浹背，煞是可憐，也極可笑。毛澤東呢？他倒是綸巾羽扇，和賀子珍在茨坪打情罵俏，過那瀟洒風流的浪漫生活。當時就有一支歌謠，在井岡山流行著：

朱軍長，背米過坳，
毛司令，茨坪打炮。

這是一幅多麼有趣的對照圖畫啊！

擺空山計

毛澤東自上井崗後，就東打西劫，把閩、浙、贛、皖、湘等的邊區，鬧得天翻地覆，政府認為這不是偷雞偷狗的小盜，不能任他繼續為患，於是湘、贛兩省計劃進剿，那是一個規模宏大而緊張的場面，尤其是湖南更上勁，擔任主攻，由王捷進任總指揮，準備數月，終於在民國十七年十二月分三路向井崗山進攻。

那時候天公有意為難，連日大雪紛飛，把井崗山裝成了玻璃世界，粉砌乾坤。汪洋界上羊腸小道，被雪封蓋了，只見白光芒芒，飛鳥絕跡，好一片悲慘景況。國軍尚在永新小江山，早有嘍囉飛報上山，毛澤東故作鎮靜，效諸葛孔明的故技，來一個空山計，以安軍民之心。並編了一齣空山計的戲，戲詞寫道：

我正在山頭觀雪景，忽聽得山下亂紛紛，旌旗招展空翻影，卻原來是湘、贛發來的兵，我亦曾命人去打聽，打聽得捷進領兵往西行。一來是公略遠離少接應，二來是分兵游擊，失掉我的機宜。他連追我三陣多僥倖，貪得無饜又攻我的山境。毛澤東在此把駕等，等候你捷進來談談心。你既已到此，就應該把山進，為什麼又進又退，進退兩難，紮下了大營。我這裡並無別的敬，準備了紅米南瓜，南瓜紅米，犒償你的眾三軍。我只有勤務兵兩個，一無有埋伏，二無有兵。你不要胡思亂想心不定，來來來！請上山頭，看個分明。

狼奔豕突

可是這個空山計，並沒有像空城計一樣，把司馬懿騙退三十里，國軍採取了雪夜奇襲的戰法。毛澤東所恃險峻地形，且冰雪封凍了山路，騾馬無法通過，人亦行走困難，以為憑險可以死守。那曉得國軍不向正面進攻，老百姓苦於共產黨的殘暴，久想報復，至此乃自告奮勇，帶了一隊勇死隊，繞過山上的工事，從山澗中披荊斬棘，爬上山去，用迅雷不及掩耳的手段，突襲「司令部」，賊兵膽弱，不敢戀戰。毛澤東不及集結隊伍，自帶了一部份人馬，從間道走大庾，竄閩西去了。其餘烏合之眾，如狼奔豖突，各自逃命，井崗山便恢復了平靜。正是民國十八年農曆元旦的那一天，給老百姓帶來了無比的歡笑，大家都慶幸可以過個自在年。

十、以怨報德

打回老巢

井崗山被攻破了，王佐、袁文才沒有跟上毛澤東，獨自逃到湖南桂東、桂陽一帶山中流竄。過了三個月，他兩人處處有「虎落平陽」之感。於是決心打回老巢。這個時候進剿的國軍，也就早已班師回朝去了。王袁重作了井崗山的主人。他們不懂得什麼是革命？也不懂得什麼是黨的路線？回山以後，竊自慶幸。「團長」、「營長」，也覺得不過如此，無拘無束，到還自在。所以沒有和地方黨發生關係，也沒有派人和毛澤東取得聯絡。時間易過，轉眼就是秋風送爽，橙黃橘綠的時候了。

飛來橫禍

一天王佐、袁文才忽然接到了前敵委員會的命令，要他們即日全部開駐永新縣城，（那時候永新建立了蘇維埃政權）有重要會議和軍事行動。原來毛澤東也有密令到永新共黨縣委，要把王佐、袁文才解決。理由是他們自由行動，有脫黨和叛變革命的嫌疑。

十八年九月的一天傍晚，永新縣城添了許多軍隊，牆壁上貼了「歡迎王佐、袁文才同志」的標語。王佐、袁文才是個初生犢兒不怕虎，真的把隊伍開出來了。分駐東西兩門。王、袁二部的官佐被請上了館子，他們的士兵也送了一隻猪犒償，大家都盡情的痛飲了一場。鼓敲三下，賓主盡歡而散。王、袁都有醉意。四更天氣，人們好夢正濃。城內發生了嗶卜的槍聲，一陣急雨似的，風過後也就馬上平靜了。袁文才被打死在臥榻上，王佐聞槍聲驚起，包圍他的部隊跟著就合攏來，他突圍奔東門而逃，浮橋早被拆斷，無法過河，不得已泅水橫渡，只因水深浪急，沉沒在東華潭底下，葬身魚腹了。所有王袁的部隊，都被繳械。只剩下王佐的老弟王燕鳳，帶了十幾條槍逃出了陷阱，回井崗山去了。

老百姓都說王佐、袁文才是毛澤東的功臣，為什麼還要下此毒手？有人說：「無毒不丈夫」，這有什麼稀奇呢?!韓信、彭越，對漢家還不勞苦功高嗎？結果仍不免一死。王、袁不過是走狗，「兔死狗烹」，古有明訓，還不應該嗎?!

十一、富田事變

屠殺異己

毛澤東自井崗突圍至十九年秋，一直在閩、贛、皖邊區兜圈子，經過一年多的游擊，軍隊的擴展很快，合朱、彭兩股近萬人，而黨的發展跟不上軍事，同時，因為發展得太快的緣故，內部也就複雜起來。毛澤東漸漸覺得掌握不緊，再由於軍事的勝利，尤其是包圍贛州打下吉安（江西的兩個大城市，前清均為府治），助長了他的政治野心。於是在退出吉安半個月，便開始屠殺了。

毛澤東派親信李紹九、曾山（現任華東軍政委員會第一副主席）陳正人（現任江西中共省委書記）帶兵一營到江西吉安富田發動了一次空前大屠殺，這就叫做「富田事變」。

那時候駐在富田的有紅軍二十軍，江西C. P.省委，C. Y.省委，省工會，省蘇維埃政府等機關。悲劇於是開始了。在一幢古老寬敞房屋廳堂上，李紹九、曾山、陳正人三人，像三司會審一樣，坐起堂來了，兩邊站著士兵，一盞豆油燈下，鋪著一張很長的白紙，它上面寫了幾百個名字。開首把C. P.省委秘書長李白芳捉來，跪在桌子前面。

「李同志，把你的同黨供出來，免得受刑」，李紹九聲色俱厲在逼供。

「什麼同黨呀！我不曉得」，李白芳以懷疑的心情申辨。

「A・B團，你還裝傻嗎？這些人都是你們的中堅份子，你快說」。曾山指著名單上的名字等他回答。

「我是忠實的共產黨員，不要冤枉」。

「笑話！我們調查得證據確鑿，不用抵賴，你說不說沒有關係，用刑」。陳正人已咆哮如雷。

一聲令下，把李白芳上衣脫光了，把一束燃燒著的神香，在他的背上、胸前、手腕亂燒。慘厲的叫聲和么喝聲，衝破了夜的神祕。

接著是C. Y.省委書記段良弼，省工會秘書長馬銘，以及幾十名重要幹部，都遭到了同樣的炮烙之刑。還有打雷公尖，坐老虎櫈，灌辣椒水等。從這天開始，每日深更夜靜時，有一批一批的人押上閻羅殿，受盡了各種刑罰，在附近的河邊沙洲上陳列著無數的血肉糢糊的屍首。

這種屠殺由黨而政而軍，紅二十軍自班長以上的各級幹部，被殺者十分之八九，士兵也殺了幾百人。半個月之間，被殺者三千餘人，黨政軍機關的工作人員，有的完全殺了，有的只剩下二、三人。

同時，毛澤東自己駐永豐黃陂，在那裡進行肅清第四軍第五軍中的A．B團，被殺的人也在二、三千名，黃陂的千人塚，至今還有餘蹟存在。

打倒毛澤東，擁護朱、彭、黃

紅軍廿軍的一個營長——劉敵，他一營人官兵只剩幾十名，劉營長心想，那裡有許多A・B團？他正沉思暗自戰慄的時候，猛然覺得肩上被人拍了一下，回頭看見李紹九對他獰笑，他怕得幾乎說不出話來。

「劉同志！什麼A・B團不A・B團？這是個黨的路線問題，也是個政治問題呀」！李紹九說話時，酒氣逼人，看樣子是喝醉了，有點支持不住。

「李同志！你醉了，休息去吧」！劉敵把他扶進了他的臥室，回到營部，一夜未曾閉眼。

劉敵覺悟了。李紹九不是說殺的人，不是A・B團嗎？「黨的路線」？「政治問題」？就是有意見，有爭執，有錯誤，黨內很可以從理論上去說服，為什麼要殺？為什麼要殺得這麼慘？為什麼要比對待敵人還殘酷！……劉敵終於決定了他應該走的路。當東方發魚肚白的時候，劉敵帶領了他的幾十個虎口餘生的戰友，沖進了看守所，拍！拍！拍！拍的槍聲，把那些待死的囚徒驚醒了，把被難的同志救了出來。回頭來找尋毛澤東的走狗——李紹九、曾山、陳正，已跑得無影無踪了。

流淚眼對流對眼，可憐人對可憐人，無比的憤怒，充滿了被難人的胸膛。幾十個人的上身，都是千孔百瘡，綑滿了繃帶，他們想！我們為了革命。曾傾家蕩產，身經百戰，受盡了千辛萬苦，毛澤東為什麼要屠殺？想來想去，得不到結論，所以最初被救出來時，大家都直覺的認為毛澤東「反水」了。旋即在牆壁上去現了一條斗大字的標語：

「打到毛澤東！擁護朱、彭、黃」。

工農意識鬥爭

江西中共省委及各機關，即日由富田遷到了吉安永陽鎮。頭腦冷靜了以後，又覺得毛澤東不會「反水」，而且再看不出其他的叛黨行為。但是，為什麼要屠殺共產黨員和一切的戰士呢？於是C. P. C. Y.兩省委召集了一次擴大聯席會議，討論毛澤東屠殺幹部原因及應付辦法。黨省委叢允中對毛澤東的歷史做了一次徹底的檢查，他認為毛澤東是一個出身在地主式的富農家庭中，他在黨內一向是做農民運動，他生活在農民群中有個相當時期，由於農村的生活環境，影響於的思想意識很大，所以毛澤東的腦海裡面，充滿了農民意識——農民意識的特質是自私，偏狹，保守；它與工人意識（即無產階級意識）是如水火不能相容。根據毛澤東的一貫作風，和他的許多事實，這次的屠殺，就是農民意識與無產階級意識鬥爭發展到最高潮的露骨表現。會議上大家認為這個分析很正確，於是便作成了決議，這叫做「虞日事變決議案」。（毛屠殺事件開始的那天是農曆十月七日，虞是七的代韻目，故稱虞日事變。）一方面通告各地黨部暴露毛澤東的罪行，一方面派C. Y.省委書記段良弼去上海向中共中央控訴。

紅旗的火併

當時紅軍學校也在永陽附近，該校教育長陳東日對「富田事變」強調說是A・B團，認為毛澤東的處置很對。因此，激怒了含寃不白的人，認為紅校是毛澤東的幫兇，省委便派紅軍二十軍前去繳械，發生衝突，結果繳獲了長短槍數十枝，陳東日率餘眾衝出包圍去了。

A．B團變了立三路線

一場屠殺終了以後，毛澤東的班底清一色了。自江西逃到延安以後，毛澤東有一次召集了參加二萬五千里長征的老同志座談，有人提到了江西時代殺A．B團問題，毛澤東變了口，說殺A．B團犯了嚴重錯誤，犧牲了許多忠勇同志，將來如果得了天下，對那些死難同志，要好好超渡一番，言下似不勝唏噓之感！毛澤東在他的自傳裡面（自傳是毛澤東口述由紅色外國女記者史諾筆記）說「富田事變」是「立三路線」，把事變的首要份子處決了。在這裡毛澤東實在不夠「坦白」，「富田事變」毛澤東明明說殺A．B團，現在為什麼又說是「立三路線」？退步說是「立三路線」，又為什麼不殺李立三？硬要把執行「立三路線」的人殺得精光？還昧著良心說只殺少數首要份子呢!?

十二、和朱德的齟齬

開個追悼會

毛澤東殺A．B團殺得心頭火起，人人自危，今日不曉得明天是死還是生？共區的人只有內心叫苦，不敢替別人喊冤。連朱德的副官勤務兵，也有被指為A．B團綁上刑場槍斃的。朱德那時候心裡非常不高興，他想，別人是不是A．B團，我無從知道，我的副官和勤務，平日為人做事，對黨是不是忠實，我是了解的，為什麼變成A．B團，我連影子也沒有看出？以此類推，被殺的人是不是A．B團？他很懷疑。同時，如果那些人是A．B團，為什麼還揭起了「掩護朱、彭、黃」的旗幟。於是他很惋惜被殺的人，也很同情被捕的虎口餘生者。他常常公開對人說：

再不要鬧了吧！死了的算殺錯了，當做烈士，開個追悼會就完了。

他很天真的對這一次的屠殺，作了一個使毛澤東極不愉快的結論。

反本本主義

朱德是一個政治頭腦很簡單的人，但是他對於政治信仰又是非常堅定的。狗肚一條腸，沒有彎曲。所以對於問題的看法，也非常單純。與毛澤東詭計多端，恰恰相反。朱德是以馬克思主義當聖經，把共產黨做神聖。他這個個性，被毛澤東利用了。朱德因此奠定了他的傀儡軍事地位，這樣毛澤東就可以為所欲為。因為毛澤東在軍隊中是前敵委員會書記，朱德始終被毛澤東牽著鼻子走，像孫悟空一個筋斗十萬八千里，也逃不出如來佛的手掌一樣。

在思想方面毛澤東有他的一套，那就是唯我主義，現實主義和投機主義。朱德自命是馬克思主義的正統派。可是，他不能靈活的運用，毛澤東說他是讀死書的獃子，只知道照書本讀，像道士唸經一樣，全無用場。毛澤東針對著朱德提出了一個「反本本主義」的口號。據毛澤東的解釋是：「本就是書本，本本就是以書本為藍本，反本本主義是反對根據書本上的死理論，做革命的指導原則」。換言之，一切的革命理論、政綱、政策，都是騙人的。只要與革命有利，亦即與毛澤東有利，可以不擇手段。所以「反本本主義」的本質，就是唯我的、現實的、投機的。毛澤東要做中國列寧，在理論上必要把朱德打下去，任他胡說八道，反馬克思列寧主義的「新民主主義」，終於產生了，也終於欺騙了中國人，換來了中國大陸的暫時勝利。

十三、反「立三路線」

立三路線是什麼？

在「富田事變」的前後，正是「立三路線」全盛時代，毛澤東被李立三打擊得很厲害。李立三說他是機會主義、流寇主義，避免攻堅，不肯打硬仗。十八年陷長沙，十九年占吉安，是在李立三的壓迫之下，冒險進攻的。

李立三認為全國革命高潮，已經到來。閩、浙、贛、皖、湘、鄂等省的邊區，一天天在擴大中。應迅速爭取湘、鄂、贛三省的首先勝利。尤其是先要奪取南昌。李立三以為江西的地主武裝（即地方保安團隊）薄弱，國軍的兵力也不雄厚，可以唾手可得，然後建立三省的蘇維埃政權，緊接著發動全國總暴動，建立全國蘇維埃政權。李立三命令毛澤東於占領吉安之後，即刻進攻南昌，當時只有一部份隊伍到達離南昌幾十里的地方，就馬上退回到吉安、永豐邊區，按兵不動，開始排除異己的大屠殺——富田事變。

將在外，君命不受

李立三看到這樣，激起了無名之火，斥責毛澤東違反黨的命令，要求毛澤東趕快到中央來（這時中共中央在上海）。準備訓他一頓，如再不承認錯誤，就把他調回中央，派人接他的職務。毛澤東卻不管這一套，置之不理，大有「將在外，君命有所不受」之慨。李立三雖然利用組織，企圖「挾天子以令諸侯」，而毛澤東則兵權在握，自命勞苦功高，不肯向李低頭，毛、李的僵持。堅持到李立三跨台為止。

毛澤東是打游擊起家的。游擊就是鑽山，鑽山主義和李立三奪取中心城市以迎接革命高潮，無論在思想上、政策上、軍略上、戰術上都是根本相反的。所以李立三罵毛澤東是流寇作風。

十四、與「中央局」的鬥爭

以退為進

中共中央在許多事實中，受到了教訓，只在上海指揮毛澤東是沒有辦法的。於是決定在「蘇區」成立中央局，代表中央深入下層，實地領導，並派項英任書記，於民國二十年春，到達了江西瑞金縣，關始辦公。毛澤東見來勢洶洶，他改變了鬥爭藝術，採取靜觀態度，待時行動。在這個時期，他埋頭做準備工作，不說一句話，由項英怎樣做，他始終不聞不問。毛澤東這樣，並不是讓步，也不是畏縮，完全是以退為進，以逸待勞，或「以不變應萬變」的戰術罷了。

否認A．B團

項英第一個下馬威，就是處置「富田事變」。項英很有理由相信，被毛澤東殺的人捉的人，絕不是A．B團。他認為如果A．B團滲入到了「蘇區」，而且打進了蘇維埃政府中得了黨的領導權，軍隊幹部是A．B團的話，為什麼毛澤東屠殺他們時，他們不起來暴動，予以有效的反抗，把革命撲滅。假使不是李紹九酒後露言，劉敵也絕不會起來自救。所以他對「富田事變」，作了一個決議，肯定地否認了「富田事變」是A．B團。這是直接給予毛澤東一個有力的打擊。同時項英把被毛澤東逮捕受過刑的人，都分配了重要工作，並且有幾個人拉到中央局去工作。在表面上看，A．B團的問題，已經解決了，毛澤東是失敗了。

第二次大屠殺

到了二十年七八月間，毛澤東實行反攻，他看清楚了項英沒有武力，而項英的內部也被分化了。於是再來第二次打A．B團，這一次殺得比第一次更慘、更廣泛了。

不但殺幹部，還要把幹部的父母、妻子、兄弟、朋友，一個牽連一個，受株連的人不知凡幾，比誅九族有過之而無不及。從縱的方面說，自省到鄉各級幹部，這一批殺光了，提拔另一批出來接替，這批新進的人員，為了要表示自己打A・B團堅決立功，乃大開殺戒，天天捉人殺人，過了一月、兩月，他們又被上級以A・B團罪名來殺自己，又提拔另一批，如此一批一批的屠殺，在江西、湘南邊區，總計被殺的人不下十萬。中央局眼看到毛澤東胡作亂為，不但不能制止，連話都不敢說半句，項英的可憐相，已完全暴露無遺了。

十五、洋共罵他「土包子」

洋八股

隨著中央局來到蘇區的，還有張聞天、王稼祥、陳紹禹、秦邦憲幾個人。他們在莫斯科學習了好幾年，馬克思主義、列寧主義、布爾什維克主義，讀得爛熟。開口唯物史觀，閉口唯物辨證法；不說蘇聯五年計劃，如此如彼；便說蘇聯共黨史這樣那樣。他們做文章講演有一套公式，只要把材料湊上去便成了。它的公式是從國際形勢到國內環境，再到「邊區」現勢，然後歸結到我們的目前任務及具體工作。千篇一律，不會改變。並且這些東西，只是些名詞的羅列和術語的堆砌。毛澤東列數洋八股的八大罪狀：第一條空語連篇，言之無物，第二條裝腔作勢，藉以嚇人，第三條無的放矢，不看對象，第四條語言無味，像個癟三。第五條甲乙丙丁，開中藥舖。第六條不負責任，到處害人，第七條流毒全黨，妨害革命，第八條傳播出去，禍國映民。洋八股怎樣來的呢？毛澤東說：

> 中國是個小資產階級極其廣大的國家，我們黨是處在這個廣大階層的包圍中，我們又有很大數量的黨員是出身於這個階層的。他們都不免或長或短的拖著小資產階級尾巴進黨來，小資產階級革命份子的狂熱性與片面性，如果不加以節制，不加以改造，就很容易產生主觀主義、宗派主義，它的表現的一種形式，就是洋八股或黨八股

毛澤東自己也是小資產階級出身的，他的話如果可信，他完全是一個主觀主義、

宗派主義者。他的排除異己地清一色運動，如殺A•B團等，便是鐵的事實。毛澤東所以還要提出洋八股的罪狀，無非是給國際派的打擊。憑良心說，若從純理論來說，陳紹禹他們要比毛澤東高明得多了。因為毛澤東沒有進過染缸——莫斯科——沒有吃過黑麵包，所以陳紹禹等常常很驕傲，彷彿對毛澤東說：哼！你看見過史達林同志，進過克林姆宮嗎？「土包子」！你只曉得鑽山，你配領導革命?!

經驗主義

毛澤東可不服氣，他卻承認中國「有他的民族特點」、「有他的發展法則」。馬克思主義必須「中國化」。如果不能「中國化」，馬克思主義就是「洋八股」、「教條主義」、「抽象空洞的調頭」。毛澤東到延安以後，實行的「整風」運動，便是經驗主義、主觀主義、宗派主義向「洋八股」進攻的鬥爭。所謂「風」，是指學風、黨風、文風而言。都是對準「洋八股」射擊的。毛澤東在黨校開學典禮大會上說：

我們讀了許多馬列主義書籍，能不能就算是有理論家呢？也不能的。……我們如果僅僅讀了它，但是沒有根據它來研究中國的歷史實際與革命實際，沒有創造出合乎中國實際需要的自己的特殊性理論，我們就不能妄稱為馬克思主義的理論家。

這就是說洋共——陳紹禹等——只多讀了些馬列主義書籍，沒有做過實際工作；而讀過馬列主義又做過農民運動，打過游擊的，只有毛澤東，所以他才配領導革命。然而，現在毛澤東實行的，不是馬列主義「中國化」，而是要把中國「俄國化」。

十六、蘇維埃的幻滅

蘇維埃的夢

毛澤東雖然現在北京做「主席」，只能算是個失敗的英雄，不能說是他的成功。因為他在二十年以前，是想做蘇維埃帝國的皇帝，而不是「中華人民共和國」的「主席」。等到蘇維埃的迷夢已經幻滅了，再來搞什麼「聯合政府」，實在不值半文錢。

最早的蘇維埃政權，是民國十六年冬賀（龍）葉（挺）在廣州暴動，成立了蘇維埃政府，只三天就短命夭折了。後來毛澤東在閩、浙、贛、皖、湖、鄂等省邊區，自十七年至二十三年，都是為了建立蘇維埃在拚命。二十年一月在江西瑞金，召開第一次全國蘇維埃代表大會，成立「中華蘇維埃共和國」，毛澤自己當「主席」。在那一次代表大會上就有高鼻子俄國人參加策動操縱，毛澤東就是做木頭戲的演員，今天來罵他不應該「一面倒」，實在太遲了。

紅都瑞金

蘇維埃成立以後，就把瑞金定為「國都」。可惜瑞金不像北京有三宮六院。毛澤東竟發幻想，下令把一家大祠堂修理了一下，權當「皇殿」，聊以自慰。可是他又想到中外的國都，都是建立在什麼「京」的地方。比如北京、南京、西京、東京，那些地方都不是住皇帝嗎？毛澤東才思敏捷，便把瑞金的金字改為「京」字，瑞金變成了瑞京，與北京、東京一樣。於是他號令天下，奠都瑞京，改國號曰「中華蘇維埃共和國」，儼然是一國之君了。

有人說毛澤東封建思想很濃厚，他喜歡「京」字，以前把瑞金改為瑞京，現在又把北平復名北京，不是很好的證明嗎！從前國民黨推翻帝制，建立民國，為了要消滅帝王思想，把北京改為北平，現在毛澤東不愛北平，而愛北京，這是不是皇帝思想在他腦子裡作祟。

民衆的反抗

自毛澤東在瑞京做土皇帝以後，並不是四海昇平。老百姓因為「土地革命」，弄得沒有衣穿、沒有飯吃；因為「打土豪」、「殺A・B團」、「當紅軍」，除了死的死、走的走以外，青年男子，一天比一天少，鄉村荒涼萬分，民不聊生，怨聲載道。民眾由祕密反抗到公開反抗，由個別反抗到集體反抗。到了二十二、二十三年的時候，更由於國軍的圍剿，人心惶惶，被派充夜間放哨巡邏的赤衛隊、少年先鋒隊，紛紛三五成群，或數十人結隊，攜械向「白區」（國民黨統治區）逃走和土崩瓦解一般。毛澤東終於從瑞京狼狽西竄。與其說是被國軍打走，毋寧說是被老百姓逼走的。「蘇維埃」也就和曇花一樣，一現即凋零了。

十七、開闢「新蘇區」的前夕

借刀殺陳毅

在沒有西竄的前幾天，正是「五次圍剿」最緊張的時候。那時興國、雲都都被國軍收復了，快要逼近毛澤東的國門——瑞京。守還是逃？毛澤東在腦子裡鬥爭了很久。結果，終於採取了三十六計的最後一計，決定逃走。但是，為了維繫人心，尤其是要克復幹部的失敗心理與悲觀情緒，毛澤東提出了一個理由和一個辦法。理由是西北與蘇聯接近，可以打通國際路線，直接得到蘇聯的援助，所以不能不暫時放棄「老蘇區」來創造「新蘇區」，這不是失敗，而是新生的開始。辦法是在「老蘇區」要保持一個根據地，把所有的組織，完全捲入地下活動。派哪個人留在「老蘇區」負責任保持根據地呢？毛澤東心裡盤算著。依照當時的形勢，國軍三、四十萬人的包圍圈天天在縮小，紅軍的主力尚且無法抵抗，留少數部隊，實在非常危險，有隨時被消滅的可能。在會議上毛澤東眉頭一皺，計上心來，他說：「陳毅同志在閩、浙、贛邊區工作很久，地理、人事都極熟悉。能力堅強，黨需要他留在這裡負責，擔當這個巨艱的使命」。

為什麼要陳毅留下來呢？原來陳毅一向瞧不起毛澤東，反對毛澤東那種宗派主義和小圈子作風，打A・B團，陳毅即表示不滿，但敢怒而不敢言。後來項英到「蘇區」成立中央局，陳毅是與項英並肩打擊毛澤東的一人。毛懷恨在心，現在見有機可乘，企圖借國軍之刀來殺陳毅，陳毅是凶多吉少了。

捨不得毛澤覃

陳毅心裡明白，這是毛澤東借刀殺人之計，他又想，毛澤東已把黨抬出來，「黨需要他留在這裡」這幾個字，像連珠砲彈向自己發射，沒有辦法躲避，只得硬著頭皮起來迎擊。陳毅想到了對策，把毛澤覃拖下水，要死和毛澤覃死在一塊，他站起來理直氣壯的說：

「毛同志給予我的任務，站在黨的立場上應完全接受。但是為了責任巨艱，附帶有個要求，請毛澤覃同志不要走，同我在一起工作，我們一定奮鬥到底至死不辭。」

這一天毛澤覃有病，沒有出席，陳毅說完了，把眼光向全場四角搜掃了一番，沒有人發言，毛澤東最後講話了：「陳同志的請求本來是合理的，有毛澤覃同志幫忙，工作當然很有益處。不過毛同志現在有病，並且病得很重，如果不顧事實硬把他留下，他不能行動，難免要作無謂的犧牲，甚為可惜！這不是說我和毛同志是同胞兄弟，而是站在愛護同志的立場上，我不贊同陳同志的請求。」

現在的幹部都是殺A・B團剩下來的，都是毛的青一色，有那個肯出來替陳毅撐腰呢！於是陳不得不屈服了。從此以後，陳毅便在閩、浙、贛邊區的叢山峻嶺中，過著野獸般的生活。那裡曉得陳毅命不該死，逃出了國軍的搜山，相反的他在閩、浙、贛邊區還奠下了今日飛黃騰達的基礎。這是毛澤東始料所不及的。有人說陳毅會做楊秀清第二，其種因便在那個時候。

十八、「二萬五千里長征」的路上

借路經過

毛澤東既決定由東南走到西北，這段艱苦的路程，是相當遙遠的。他在瑞京出發時，集中了殘兵敗將，約有十萬之眾，經過湖南、廣西、貴州、四川等省邊境，自民國二十三年三月開始走了一年多才到達了陝北。沿途前被阻截，後有追兵，毛澤東到了那個時候，只顧逃命，令三軍奪路奔逃，不可戀戰。並且定下一條政策就是「互不侵犯」、「借路經過」。毛澤東是會鑽空子的。有些國軍和地方保安團隊，為了保全自己的實力，多按兵不動，就是動也只是虛殺一陣，奉行做事，哪裡肯真心作戰。也有些軍人如恐「剿匪」成功了，擔心裁軍，樂得年年剿匪，保持自己的飯碗。還有些軍人害怕一旦把匪剿清了，國民政府要實行真正統一，不得不藉「共匪」以自重。這些都是給毛澤東生存的客觀條件，毛澤東利用這些矛盾，派人遊說守軍將領，竟能順利渡過金沙江。如果當時守軍予以有力的截擊，毛澤東只有在金沙江吃水，那裡會有今日這幕慘劇的演出呢？

過草原

逃到了川、貴邊境，毛澤東又碰到了一個困難，那就是幾百里的草原，通過很不容易。這個草原說來非常奇怪，像新疆的沙漠一樣，茫無邊際。滿地是水草，人走在上面，水草沒脛，無地可以坐臥，無地可以休息，白天夜間，只有站著，也沒有地方可以造飯，只有帶乾糧充飢。無分晝夜，一步一步的走，走到精疲力倦時，三、四個人背靠著背打瞌睡。毛澤東和他的新貴們，是不能吃這種苦的。那又怎樣辦呢？馬不能走，騾不能行，只有坐擔架，賀子珍也一樣坐擔架，由那些戰士們白天抬他們走，夜間抬著他們睡，毛澤東是為著革命而珍惜自己的生命與健康的。

抬死了一連人

毛澤東和他的壓寨夫人，不但過草原要人抬，實在自瑞京西竄開始那天起，都是坐擔架抬起走的。一個共產黨的領袖坐擔架，本不足為奇，所奇的是他個人一條命把抬他的人抬死了，而且抬死了一百多，似乎有留名的價值。外國人認為坐黃包車，有傷人道，禁止使用。毛澤東把別人的雙肩當路走，如果以共產主義的道德觀來批評，簡直不算一會什麼事！

十九、新人笑舊人哭

賀子珍打入冷宮

古語說得多，「貴易友，富易妻」，毛澤東既富且貴矣，所以賀子珍的下場便注定了。說起賀子珍與毛澤東真是一對患難夫妻。自民國十七年春，毛澤東把賀子珍請上井崗山做壓寨夫人，隨同「二萬五千里長征」逃到延安，受盡了千辛萬苦，還免不了打入冷宮，情形也夠慘了，賀子珍是福音堂小學的學生，面孔相當漂亮，替毛澤東生了四個兒子，都沒有自己撫育，生下來就丟在鄉村中為農家子，毫無半點動心，橫豎兒子是社會的，用不著自己供養。現在毛澤東貴為「主席」了，對子女的觀念也有了轉變。聽說曾派專使把他遺棄的兒子找回來，同享富貴榮華。同時毛澤東給予賀子珍物質享受，還是優厚的。賀子珍後來住在上海的高等洋樓裡面，仍不失為「皇后」的氣派。公館中的副官、勤務、女傭人，一呼百諾。公館的開支沒有預算，由賀子珍隨心所欲，不管有多少親戚朋友到了賀公館，穿衣、吃飯、洗澡理髮、看戲、吸菸……可不加限制向上海市政府支取，這是世界各國「元首」的姘婦所望塵莫及的。

影后變成皇后

賀子珍的失寵，是由於年老色衰。她那時已是四十三歲的半老徐娘了。毛澤東所需要的是「色」，所以賀子珍便做了生寡婦。可是「寡人有疾，寡人好色」，毛澤東能例外嗎？那時候住在延安窯洞裡，雖然有些自命紅色藝人來往，而風騷妖治的要算電影明星藍蘋了。藍蘋後改名江青，出身微賤。今毛澤東選的偏宮，大概是無產階級的愛吧？一個曾受史達林獎章的赤俄藝術家，到北京觀光，替毛澤東繪像，這位藝術家寫了一篇文章，中有幾句話：「我和毛主席在他的辦公室見面時，他身邊站著一個漂亮的中國女人，經介紹後才知道她就是毛夫人江青女士。」

藍蘋僅僅是漂亮而已，很少在富有政治的場合出現。她的責任仍然和演電影一樣，她只是配著毛澤東扮一個哀艷戲劇的女角，這幕戲又快要演完了，藍蘋已到了下場的時候。

女看護

從前的皇帝，在編制上有三宮六院，除三個「娘娘」外，還有上千的妃嬪宮女，任他遊樂。秦始皇的妃子沒有見過面的有三十六年。現在是革命時代，當然不能再有妃子了。但是「毛主席」為了健康，不妨多用女看護。女看護有兩個任務，不但要看毛澤東的肉體，特別要看護毛澤東的靈魂。舊社會中的要人們有這些玩意，新社會（？）裡的顯貴，同樣有這些玩意。有人說中國人還是中國人，毛澤東還是毛澤東，無論他在井崗山或是在北京，總是一樣。老狗變不得新把戲，毛澤東用貼身女看護，有什麼稀奇呢！

曠夫怨女

事實上毛澤東雖然有幾個准皇后，從理論上說起來，他實在還是個沒有老婆的曠夫呢！自他的髮妻楊開慧死了以後，至今還沒有結過婚的。賀子珍和毛澤東是二十餘年的患難夫妻，並已生兒育女；藍蘋現在是他的新「皇后」，都是事實。可毛澤東在自傳中始終沒有提到賀子珍、藍蘋是他的老婆，也是事實。在舊的法律中，毛、賀、藍三人算是同居的關係，拿俗語來說就叫做「交易不開張」，若以「人民政府」頒佈的《新婚姻法》來衡量，那個毛澤東便是姘夫，賀子珍、藍蘋卻是姘婦了。因為《新婚姻法》中，並沒有同居的規定。俗話說得好，「始亂之，終棄之」，無怪乎賀子珍、藍蘋以及被他玩弄的女性，都將幽怨以終了。

二十、雙重人格

假抗日吃友軍

毛澤東不但對女人反覆無常，對任何人都是反覆無常，在政治上更是反覆無常。當民國二十五、二十六年的時候，毛澤東被困在陝、甘、寧邊區，幾乎要餓死、凍死。於是裝出一副愛國的假面孔，企圖躲在「抗日」的旗幟下生存求發展。自願把紅軍名義取消，改編為國民革命軍第八路軍。丟掉列寧帽，豎起了青天白日的旗幟。把蘇維埃政權收場了，博取全國人民的同情與國際上的熱望。「抗日」的生意終於開張了，毛澤東是一個政治投機商人，為了要做開「牌子」，初開張時，在南口之役，也曾打死了一些日本人，撿得了一些日本人裝備。他的廣告公司——新華社就大吹大擂來兜攬生意，騙得了國民政府械彈裝備給養的補充，騙得了許許多多的「美援物質」。但從此以後，不但不「抗日」，還暗中與日本勾結，一方面和日軍祕密訂立互不侵犯條約，一方面與日本簽通商協定。毛澤東以巨量的棉花換取日本的軍火，這是公開的祕密，為世界人們所共知的事情。

毛澤東藉「抗日」為名，無「抗日」之實，他究竟幹些什麼呢？那就是拿國民黨的武器消滅國民黨的軍隊。皖南的地方武裝和一部份國軍，被陳毅的新四軍吃掉了。在陝、甘、寧邊區，在一切有共黨武力的地方，民眾的自衛武力和抗日部隊，都被吃掉了。他們吃友軍的方法是多方面且高明的。有的乘日軍進攻之際，施以突襲，有的化裝日軍，掩飾國人的耳目，有的扮成土匪掠奪械彈。所以「抗日」八年，毛澤東的軍隊，擴充了一百倍。這完全是一種預定的陰謀，假「抗日」以求實現。

統一戰線

毛澤東是善於利用環境的。自「九一八」事變以後，全國反日情緒非常高漲，他便於二十四年八月提出了「民族統一戰線」的口號。所謂民族統一戰線，是以「抗日」做號召來換取民眾的同情。但是毛澤東統一戰線的根本意圖，不是抗日，而是製造機會擴大自己。毛澤東是要把各黨各派及無黨無派統一在對共黨有利，對國民黨有害的戰線中；是要把各階層各職業的民眾利益，統一在對共黨有利，對國民黨有害的戰線中。何以見得呢？因為他們「在統一戰線中，無產階級必須保持自己的獨立性，實行堅決的革命政策，藉以動員龐大勞動人民，實現無產階級對勞動人民的領導權」，他們要保持無產階級的獨立性和領導權，其他的同盟階級——小資產階級、民族資產階級以及廣大的農民群眾，就失掉了獨立性和領導權了。在統一戰線內的各階級民眾，是處於不平等地位的。地位既不平等，有何統一之可言？然而毛澤東還硬要統一，除利用而外，毫無別的成份。所以到了二十七年七月毛澤東又提出了「堅持抗戰」，反對投降，堅持團結「反對分裂，堅持進步，反對倒退」的口號。他們自命是「抗戰」、「團結」、「進步」；另方面則以「投降」、「分裂」、「倒退」的罪名，來打擊他所想打擊的黨派或個人。毛澤東把這個口號解釋為「必須以革命的兩面政策去對付頑固派的反動的兩面政策」。這是雙重人格的政治表現。

笑裡藏刀

抗戰勝利後，在重慶召開政治協商會議。毛澤東因過去躲在「抗日」旗幟的掩護下，得到了「甜頭」。現在又想來分勝利的果實。毛澤東不惜移樽就教，於三十四年八月廿八日飛到了戰時的首都——重慶。當他下飛機時和歡迎人員舉起右手高呼

「蔣主席萬歲」！好像一個頑皮的小孩子，他想要吃糖果時，他就毫不遲疑地叫「爸爸」。毛澤東正像那類小孩子一樣。在重慶討價還價，談判了四十多天，結果在雙十節成立了雙十協定。哪知道十月十一日毛澤東飛回延安後，馬上又變了臉，再不叫「爸爸」了，並且又重彈他「打倒蔣介石」的老調。我們所驚奇的不是毛澤東高呼「蔣主席萬歲」！也不是大喊「打倒蔣介石」，而是「萬歲」與「打倒」不出兩個月出於毛澤東個人之口，到是古怪。綠林弟兄臨到綁上刑場槍斃時，還神色不變的說：「十八年以後再來當好漢」。而毛澤東枉做井崗山上的英雄，連這塊硬骨都沒有！他的「黨性」在那裡？

二十一、傀儡與奴隸

勝敗的兩面

毛澤東由於善變，時而聯甲打乙，時而擁李倒李，返來復去。他要打倒的人固然打倒了，他當初聯合的人也打倒了，結果只剩得他自己，在大陸上做霸王。有人說毛澤東的竊據大陸，是由於「解放軍」無往不勝。「解放軍」之所以無往不勝，我認為首先由於國軍的到處失敗。為什麼國軍失敗？敗於喪失了政治的信仰！敗於不相信自己，敗於錯信了毛澤東。聯合政府是對的嗎？新民主主義是好的嗎？約法八章是可靠嗎？長春、濟南的「解放」，國民黨敗於陣前的將領——曾澤生、吳化文的叛變。接著而來的北平傅作義，長沙程潛、陳明仁，西康劉文輝，雲南盧漢、龍雲，都以競賽的方式豎起了白旗，躋於「起義將領」之林，恬不知恥，大好河山，拱手送人，是誰之過！毛澤東自己對他勝利的預算是三年，事實上只有一年多便席捲大陸，超過了預算，所以國民黨的敗是因，共產黨的勝是果。世界上只有自己弱，才顯出別人的強，凡說別人強的，就只是表示自弱。毛澤東何嘗有三頭六臂，強在那裡？勝敗本是一體的兩面，關鍵操在自己的手裡。國民黨的敗是真的，毛澤東的勝是假的。

走溥儀的老路

現在我們要問，毛澤東的勝是不是由假變成真。若從外表上看，勝利似乎是真的。三十八年十月一日「中華人民共和國」宣告成立了，毛澤東榮任了「主席」，並且搬進到皇城去辦公。住當年慈禧太后曾經住過的宮殿，並且走上了溥儀曾經走過的老路——這是一條走上滅亡的路。溥儀是日本的傀儡，毛澤東是赤俄的傀儡，其傀儡是一樣的，所屬不同主子而已。

毛澤東自踏進了北平以後，便增加了他幻滅的成份與速度。中國的外患，歷史上都是來自北方，赤俄是中國老百姓的敵人，有其傳統性的歷史。史達林要毛澤東「奠都」北平，其用意在便於控制，使毛澤東永遠做他的奴隸。

朝拜莫斯科

毛澤東上任剛剛兩個半月，便於同年十二月十六日到莫斯科去朝拜謝恩。這在中外歷史上找不到前例。毛澤東為什麼去莫斯科朝拜呢？要回答這個問題，我們先要了解「中華人民共和國」是怎樣來的，毛澤東的「主席」又是怎樣來的？廖蓋隆在其所著《新中國是怎樣誕生的》第六章第四節中說得好：

在中國的旁邊有著偉大的無產階級專政國家——社會主義蘇聯的存在，這種情況，使中國革命能夠順利的向前發展，正如史達林同志所說的「中國革命是在可能利用在蘇聯勝利了的革命經驗和援助的情形下而發展」。

毛澤東是在蘇聯的援助下攫取大陸，已經有了口供，不必再找證據。由此演繹下去，可以得到一個結論，沒有蘇聯便沒有「新中國」，沒有「新中國」就沒有「毛主席」。在這種情形下，毛澤東還不應該匆匆去克林姆宮謝恩嗎？謝恩是報酬過去的援助，還嫌不夠，要進一步報恩才是，來日方長，報恩有待於將來。毛澤東在〈論人民民主專政〉中也曾說過「走俄國人的路」。「走俄國人的路」，就是跟著俄國人走。毛澤東跟俄國人走，還不是做傀儡、做奴隸？

簽訂賣國條約

毛澤東到莫斯科去，除奉送十六卡車的中國土產作為進貢外，還特別把中國的老百姓奉送給俄國人做砲灰，所以史達林對他另眼相看，翹起大拇指稱讚道：「好孩子！這才不辜負我的培植呢！」三十九年二月十四日簽訂的《中蘇友好同盟互助條約》，就是毛澤東報恩的禮物，也是他注定做奴隸的賣身投靠契約。我們研究這個同盟互助條約的主要內容，等於軍事同盟，要毛澤東在蘇聯侵略世界戰爭中，負起輸送新兵、運濟糧食兩大任務。這擔子不管挑得起挑不起，只有咬緊牙關頂下去。

掉在韓戰的泥淖中

在賣國條約簽字後的四個多月，北韓便奉莫斯科的命令，對南韓發動了侵略戰爭。毛澤東也奉到了史達林的命令參加韓戰。我們現在不去理論朝鮮戰爭的性質如何？中國為什麼要參戰？所謂「志願軍」，只是種最愚蠢的宣傳方法。無論從那一方面說，站在中國的立場上是有百害而無一利，站在蘇聯的立場上，這是執行史達林赤化世界計劃的一部份，是必需的。所以毛澤東正在忠實履行《中蘇友好同盟互助條約》的義務，驅中國百萬青年投入韓國戰場，作無謂的犧牲。毛澤東的雙腳已陷在泥淖中，只有愈陷愈深，不能自拔了。

二十二、「毛澤東思想」的破產

虛偽與錯誤

現在共產黨中，盛行「毛澤東思想」這句話。「毛澤東思想」在大陸上成了不可置疑的思想邏輯。具體點說：便是「新民主主義」。「新民主主義」是什麼呢？從它的作用說是虛偽的，藉以騙人，入其彀中；從它的內容說是錯誤的，偏激的。

「人民民主專政」，是「新民主主義」的政治理論之根據，事實怎樣？請看其聯合政府——偽中央人民政府，是由中共所卵翼御用的所謂各黨各派及無黨無派人士所組織的新政協會議產生的。這些黨派——民革、民盟、農工黨、九三學社等——他們的黨員有多少？只有他們自己知道，他們沒有資格代表民眾，自不待言。同時，青年黨、民社黨，不但不准參加政協會議，而且列為反動組織，排斥之、摧殘之，這是民主嗎？民主的原則是要能夠容納異己，從異己中求協調，從不同中求合作。毛澤東不是這樣做，凡是不同他一鼻孔出氣的，便為「反動」。這種理論，這種政府，既不是「人民」的，也不是「民主」的，事實非常明顯。至於「專政」到是實在，只要有知識的人，都知道中國大陸是中共專政，是毛澤東專政。

「新民主主義」的經濟又怎樣呢？實行暴力「土改」的結果，使農民疑懼，生產銳減，農村凋零；「勞資兩利」的結果，使工廠關門、商店倒閉、苛捐雜稅，層出不窮，工人失業，整個國民經濟，操縱在「中國百貨公司」、「中國貿易公司」、「中國糧食公司」的包辦中。凡是民眾的日常生活必需品——米、油、鹽、花、紗、布——老百姓沒有自由買賣的權利，都要仰承中共的「恩惠」。一切糧食和土產，由「人民政府」收買，寧願讓糧食堆積如山，囤存發霉，眼巴巴看到老百姓以樹皮、草根充飢，卻把大批糧食運往蘇聯、印度，所謂「新民主主義的經濟」，竟接受了資本主義經濟壟斷市場的故技，新的「托拉斯」出現了，可憐廣大的民眾，掙扎在飢餓的生活線下。

此外，在反封建的旗幟下，否定了中國的倫理觀念，父子、夫婦、兄弟、朋友的關係，只有利害，沒有情感與道義；只有虛偽，沒有真實。當時中國大陸上的民眾，墜入在互相監視，彼此牽制的苦海中。說話沒有自由，讀書沒有自由，看報沒有自由，寫文章沒有自由。學校整天跳秧歌舞，開學習會，功課只是附帶的東西。不准聽

「美國之音」，一切都是蘇聯的好，一切文物制度，思想學術，只有蘇聯的吃香。這就是「新民主主義的文化」之具體表現與赫赫成績。

「新民主主義」就是如此，其內容的貧乏、偏激、武斷、不合邏輯，我們只略談這些便夠了。而毛澤東也只是以「新民主主義」做招牌罷了。他另外有他的一套思想法則，那就是唯我主義、現實主義和投機主義。

唯我主義的現實投機

毛澤東的唯我主義、現實主義、投機主義，是他成功的秘訣，也是他失敗的因素。因為他是唯我主義，所以他否定了他人的存在，也否定了社會的存在。不然，他現在執行的政策，便得不到解釋。如「土地改革」，不是消滅土地私有制度，而是消滅土地私有制的土地所有人——地主、富農。「人民民主專政」，不是消滅專制制度的本身（人民政府便是專制王朝），而是消滅從政的人員——屠殺大小公務人員。在大陸上千百萬民眾被消滅以後，毛澤東及其集團，亦必隨之而消滅。

因為他是現實主義，對於一個政黨最低限度的信義觀念，是完全沒有的。所以當孫中山先生容許共產黨以個資格參加國民革命以後，他們竟違背諾言，進行組織活動，企圖篡奪政權；抗戰時毛澤東也曾公開宣言取消蘇維運動及赤化宣傳，結果是躲在抗日旗下，作進一步顛覆國民政府的陰謀。抗戰後在政治協商會上發表過動聽的談話，在他飛回延安後，就發動了大規模的戰爭。我們知道，古今中外，任何個人或政黨，不講信義的，最後終歸失敗。

因為他是投機主義，常常被現實環境所引誘，為一己一黨之利害得失打算，無形中做了環境的俘虜。但亦往往可以迎合民眾的心理，取得一些便宜。不過投機是一種冒險，毛澤東是一個冒險的投機家。由於所謂「解放戰爭」的軍事冒險、軍事投機，贏得了他意外的勝利，又引導他對韓戰的軍事冒險和投機，使得他跌進韓戰的泥淖中。我們可以斷言，毛澤東雖然是在軍事投機中站起來，又必然要在軍事投機中倒下去。

毛澤東的思想是反進化、反自由、反民主的二流（流氓與流寇）思想之典型，是反信義、反倫理、反和平的強盜作風。他失掉了社會的同情，只贏得人類的憎恨；他違背了時代的要求，卻換來了為世界所摒棄。一個為人類所憎恨，為世界所摒棄的獨夫，其前途還待預卜嗎？

二十三、自己埋葬自己

殘暴與極權

「毛澤東思想」雖然必會消滅，但在它掙扎的一天，將更發揮它的殘暴性。現在中國的大陸上，只准許一種思想，一種言論。凡是與毛澤東思想和言論相反的，便說他是「反動」，「反革命」，必須處死。他正在拿史達林式的思想及生活模型，來強迫改變人類的思想及其生活。所有不合乎此模型的人，都要遭受慘酷的待遇。這不僅是對外人如此，對待他的黨員幹部也是一樣。如前面所說的「富田事變」，便是一個例子。再如毛澤東歷次的「整風」運動中，有幾十萬指為非「毛澤東思想」的黨員失縱了。

此外，大陸上兩年來的屠殺，在「國特」、「地主」、「惡霸」的名義下，被殺害的人，據統計約有五百萬人。北平《人民日報》自承這種「鎮壓」是必要的，並不諱言須要殺一千萬人。如果依照「康生計劃」，中國是要殺一萬萬人來建築毛澤東的王朝。

當代哲學家羅素說：「共產黨根本沒有仁愛的情感。」所以毛澤東不惜以流血為「革命」的手段，這是一種不可思議的錯誤。他在政治上的表現是「人民民主專政」，這種專政是以仇恨與報復的情緒來進行壓迫、屠殺、榨取，使老百姓坐以待斃、引頸就戮，不敢反抗：在軍事上的表現是「人海戰術」，驅無辜之民，拿原始武器——梭標——衝鋒，架起機槍在後面逼迫士兵上前作無代價的犧牲，沒有半點顧惜：在經濟上的表現是以暴力沒收土地，摧毀「富農」的財產，陷貧苦工業群眾於「經濟窒息」的絕境；在文化上的表現是箝制思想，扼殺學術，實行「俄化」；在社會上的表現是獎勵父子相仇、夫妻反目、朋友互殺，把家庭與社會的組織關係，除開情感與正義的成份，納入於純利害的互相監視，彼此對敵的地獄中。

毛澤東所以這樣冷酷無情，是因為他強調「黨性」，否定「人性」。因此，別人的痛苦，成為他快樂的基礎，全國人的哭泣，換取了他個人的獰笑！

大陸的墳場

「物極必反」是理所當然的，毛澤東以詐術與屠殺來統制大陸。在最初大家還對他存了幻想，可是，事實把他的諾言粉碎了。老百姓的眼睛是雪亮的，空頭支票，再也騙不了老百姓。死原來是可怕的，但到死不可避免時，卻再也不能拿死來恫嚇了。大陸民眾再不怕死了，他們很了解，只有從死中才可以求生。他們由悲觀而失望，由懷疑而憤怒！大家都要自救，同時也了解必須匯合各個人自救的力量，才能夠新生。廣大的民眾在這樣的覺悟之下，已經開始行動了。如游擊隊的天天增長擴大，「民兵」的叛變加入游擊隊，刺殺共幹的時常發現，「解放軍」中的厭戰情緒日日普遍——韓戰場中，共軍成千累萬集體投誠，民眾的怠工反抗等等，都是反共反毛的偉大力量，這些力量正逐漸的由微小而強大，由祕密而公開，由間接而直接，給予殘暴者、極權者以致命的打擊。這就是毛澤東自己挖好的墓穴自己來埋葬自己。

「多行不義必自斃」，毛澤東必然會證實這句話。

井崗山的烽火

史補之　著

一、毛澤東初上井崗山

中共常將他們當年在江西突圍的往事，自詡為紅軍不朽的偉蹟，而美其名為「二萬五千里長征」，並且發行小冊子，作為對黨內、黨外的宣傳，將紅軍中的人物，渲染得有如神話中的天兵天將。基於中共一貫的「英雄主義」觀念和歪曲史實的作風，是不足為怪的。事實上，中共當年離開江西井崗山，西竄陝北窯洞，一方面故由於國軍之更番不斷的五次圍剿，另一方面亦由於中共黨內的激烈鬥爭非遷地為良不可。在內外交迫的情勢下，遂不得不忍痛放棄那盤據七年的老巢，去渡那前路茫茫、託身無所的流竄生活。其處境的窮蹙、命運的險惡，是不難想像的。

紅軍西竄之初，號稱為十萬人，由於長途流徙，其間因堵擊傷亡、饑餓疲病而損失的，竟達百分之六十以上，迨抵陝北延安時，剩下的殘兵敗將，僅三萬餘人而已。如果當時地方軍與中央軍不存派系與畛域之見，能夠協同兜剿、分堵合圍的話，紅軍在饑病疲困之下軍心離散、鬥志低落，即使是天兵天將，也難逃覆沒的命運。也許是注定了的厄運，中共紅軍終因各省防軍的各懷鬼胎，他們終得以絕處逢生，僥倖漏網奪路而逃。自此以後，中共們遂得藏身陝北窯洞中，由苟延殘喘而休養生息，漸漸地壯大，毛澤東也由此東山再起，由搞游擊而掌握軍權，更進而掌握黨權，終於成為中共唯一領導人物，坐上了新華宮第一把交椅。當年落草井崗山，打游擊、放野火的草莽英雄，竟造成了今日的局面。這樣傳奇性的發跡，恐怕連毛澤東本人也未曾夢想得到。

毛澤東落草井崗山，是在他領導湘南「秋收暴動」失敗之後。當民國十六年（一九二七），中共湖南省委會決定在「秋收」中，掀起農民暴動來進行流血的土地革命，成立「前敵委員會」並以毛澤東為書記，負責領導這一暴動，結果，暴動失敗了，許多無辜的人民被屠殺了，前敵委員會也就此撤銷，這時，毛不但失去了黨的領導地位，還遭到了黨的嚴切責難。可是毛澤東是個富於英雄主義思想又加上湖南辣椒性格的人，雖然已搞到焦頭爛額，卻也不甘雌伏，便於這年冬間，逕自帶著那批殘兵敗將和地痞流氓約六、七百人，經湖南茶陵、攸縣，流竄到江西寧岡，建立湘、贛邊區的游擊區，並選定了井崗山為他的軍事根據地。

井崗山位於羅霄山脈中部，於湘、贛兩省邊區交界之處。山上有無數的嵯峨崚嶺，高聳入雲，峭壁巉岩，絕壑深澗，縱橫交錯，構成著井崗山的險要形勢，山徑崎嶇，瘦石嶙峋，步行艱難，有如蜀道，憑險固守，極難進攻，真不愧為藏龍臥虎的窟宅。

與井崗山毘連的各縣計：北有寧岡、蓮花、永新；南有崇義、大庾；東為遂川、萬安；西為湖南酃縣、桂東、汝城。毛澤東即在這些地區進行他的赤化政策。山腰原有大小五處村落，即大井、小井、茨坪等村，多者五、七十戶，小者亦有二、三十戶人家，荒僻山居，務農為業，民俗淳樸，有太古風，自被毛澤東盤據以後，經過一段時期，這些純良村民，已一變為刁蠻無人性之共產黨徒矣。井崗山上通路有三：一由永新經龍源口而抵山腰的小井；一由寧岡經汪洋界，行十五里亦抵小井；一由遂川經黃坳直達井崗山。抗戰中期，筆者于役遂川，曾由當地士紳鍾士桓君陪登井崗山，曲折盤紆，攀緣而上，一弔此馳名中外的紅軍巢穴，觀覽形勢，俯仰今古，深感造化狡獪，蘊此險區，釀成亘古慘劇，無怪湘、贛國軍在前三次會剿中，均遭敗績，而毛澤東之選此為根據地，亦的是可見了。

其實，井崗山之富有軍事價值，並不自毛澤東才有此創見，早在明代武宗時，宸濠在南昌叛亂，敗後即遁登井崗山，依險死守，旋經王陽明率兵戡定，因伐石勒碑，記載平亂本末。筆者往遊時，此碑已不可復見，可能因碑中文字，對於紅軍發祥地存有若干諷刺之意，已加以毀損。中共據有大陸後，曾封井崗山為紅軍「發祥地」，恐斷碣亦無處可覓了。

當毛澤東未落草前，井崗山原由當地土匪盤據，匪首為王佐與袁文才兩人，據說：王佐為遂川縣的積匪，擁有人槍近百，劫掠附近富戶和商旅，近地人民，稱之為「王老虎」而不名。王佐既內憑險要，更外結奧援，因和寧岡的土豪兼劣紳的袁文才暗通聲氣、互為羽翼。袁文才亦擁有人槍百餘，在實力上還較王佐為強，但他並不登山，卻在縣裡掛著紳士的招牌做掩護，魚肉鄉民，狡獪百出，人們因此也給他一個綽號曰「猿猴精」。在豪紳積匪勾結下，地利、人和，得天獨厚，地方武力輕易不敢動他們一根毫毛。於是，井崗山一帶，便成為他們二人的天下了。

毛澤東深知自己的武力有限，而對井崗山的軍事實況和價值卻瞭解得十分清楚。所以他一到寧岡，便運用交結綠林好漢的一套手法，首先送了兩枝手槍和一些禮物去巴結袁文才，表示「拜山」之意，袁本是土豪劣紳的本質，在受寵若驚下，馬上介紹王佐和他相見。王佐更是個頭腦簡單的土包子，王、袁兩人經過毛澤東一番江湖道義的打話，居然被毛說得服服貼貼，都願接受他的領導，並誠心誠意的歡迎老毛上山合夥落草。從此，井崗山上便豎起了蘇維埃紅軍的旗幟，打土豪、劫糧食、搞流血革命，這是民十七年二月的事。後來這一「虎」一「猿」，因野性難馴，終於被毛澤東反客為主的將之清除了。

毛澤東在井崗山起家的資本，除他自己率領的農村流民和雜爛的槍枝六、七百外，在初，便是王佐、袁文才的二百餘人槍，合起來不到一千之數，其後朱德率領「紅四軍」來與毛澤東會合，朱擁有人員一千八百餘人，步槍八百多枝，另有迫擊炮四門，機槍八挺，手槍數十枝，至是，井崗山上的聲勢大振起來。最後，湘、贛國軍會剿之際，何鍵部旅長彭德懷、羅炳輝率領所部叛變，又攜了一批槍枝來投。從此，井崗山上野火熊熊不可嚮邇了。

當民國十七年（一九二八年）五月，毛澤東正式成立湘、贛邊區特委會，並當選為書記（按這時朱德、彭德懷尚未會合），但中共湖南省委會對於這個「邊區」領導權，卻始終不肯放手，先後派出楊開明、譚震林來主持，毛澤東慘澹經營的一副本錢，至此又被人攫去，為誰辛苦為誰忙？此情此景，毛澤東自是很難堪的。

後來朱德來會合，邊區組織擴大，中共湘、贛邊區特委會選有十九名委員，毛的名次列在第十五，而譚震林與朱德卻高踞第一、第二兩席。同時，在軍事領導方面，也是以朱德為首，當時一般人對於井崗山的「紅軍」，通稱為「朱、毛紅軍」，甚至以後稱紅軍首領，也總以朱（德）、毛（澤東）、彭（德懷）、黃（公略）相並稱，這是當年紅軍中毛澤東名位的具體說明。

二、朱培德培朱德南昌暴動

提起朱德，應該從「八一」的「南昌暴動」說起：朱德初期的歷史，是蹭蹬曲折、潦倒不堪的，但自「南昌暴動」後，居然一舉聞名，這卻要拜滇軍領袖朱培德之賜。事緣當時北伐軍攻下南昌，首先入城的本是程潛的部隊（第六軍），但因朱培德的滇軍與江西革命元老李烈鈞有著深厚的關係，由李烈鈞建議以朱培德為江西主席，實行對程潛來個鵲巢鳩占。這時朱德剛由川軍楊森部下解職歸來，無所事事，不得已而投奔江西，朱培德基於舊日袍澤的關係，遂派他任第三軍教導團團長兼南昌公安局長兩個要職，這在朱德說來，該是意外的遭逢了。

當時朱培德的第三軍轄有第七（王均）、第八（朱世貴）、第九（金漢鼎）三個師，王均因兼南昌衛戍司令，全師駐在省城，其餘皆駐在外圍，朱德的教導團，因朱兼公安局長亦駐在城內。王均這人，雖然是國民黨員，但其行徑，卻是十足道地的軍閥。自寧漢分裂，局面紊亂，他便抱著混水摸魚的態度，對於國民黨實行清共的決策，不但陽奉陰違，而且多方面掩護卵翼共黨，藉以自重。這時中共在江西的軍、政工會各方面，潛伏滲透的人數不少，而且多屬負有相當責任的，如第三軍的黨代表朱克靖、省政府民政廳長姜濟寰、南昌市黨部常委賀益譽等，和南昌公安局長朱德等皆是。

當時在江西的共黨份子，既有王均暗中勾結，又有朱德從中掩護，朱培德則經常往來於九江、南京之間，無暇過問，等於眼開眼閉，聽其自然。中共黨徒見有此良機，陰謀暴動遂日益積極。是時，江西的軍、政、黨務已大部份操在共黨手中，而那次發動暴動的大本營，則是南昌市黨部。其主要份子，除周恩來、郭沫若諸人高高在上領導外，其表現最激烈的，有南昌市黨部常委賀益譽、汪功宏、馮惠中等；工會方面則有蕭努鋒，農會方面則有方志敏、邵式平（現任中共江西省長）等。

當時國民黨的江西省執委會，在此情勢下，雖然勢力單薄，但對共黨也不肯就此屈服，於是，在黨政機關、學校、工會、農會中，發動黨員起而與共黨對抗，每一單位都有兩個組織，名稱相同，立場各異，成為戲劇化的「雙包案」。共黨方面經常派出黨員、工人、農人、糾察等，三五成群，持槍執棍，到處大街小巷搗亂，如果鬧出了糾紛，又有朱德公安局的警察出面，名為彈壓調解，實則左袒掩護，國民黨自然處處居於劣勢了。

民十七年四月二日南昌共黨奉到武漢方面的密令，策動一次廣泛的暴動，於是由賀益譽、蕭努鋒、邵式平等率領著工人、學生和各公團的糾察隊近千人，持槍執棍，於是日上午十時，由市黨部出發，蜂擁著直衝入國民黨江西省黨部，一面高叫：「打倒國民黨」，「打倒×××走狗」……一面逢人便打，見物便毀，直如瘋狂了一般。

這時省黨部人員一見情勢不妙，跑的跑、逃的逃，有逃跑不及的，便在石塊木棍飛擲亂搗之下，弄得頭破血流。省黨部常委段錫朋、周利生、王鎮寰、王禮錫諸人，乘著紛亂中離開南昌，星夜祕密搭船，經鄱陽逕奔南京，就中唯有程天放、羅時實諸人沒有走脫，竟被共產黨逮捕，禁閉總工會中，施以毒打。此外，還有女子職業學校校長曾華英，因她是國民黨的激烈份子，竟也被捉了去。

次日，共黨們便將這批被捕的人，一各個反綁著兩手，戴著高帽，簇擁著沿途遊街，而那位「女職」校長曾華英正是大腹便便，竟在遊街中，倉卒臨盆，產下一個男嬰，原因是她被拘禁於總工會也遭到毒打，令胎兒受傷，以致未滿足月便先期產下來了。這一幕算是「南昌暴動」的前奏曲，而這時在南昌的國民黨人，凡是地位較重要或較激烈的，已避匿一空了。

自「四二」事件發生後朱培德不但無力恢復這一紊亂的秩序，而且擅自改組省政府，索性將省府所屬的委員廳長，全部委派共黨份子或親共份子，因此，事實上，南昌已不待「八一」暴動，已由朱培德親手交給共產黨了。在這情勢下，朱德的暴動原不須遲至「八一」的，但朱德手中所掌握的武力，只有一個教導團和一部警察，力量單薄，不敢妄動。迨至七月三十日，第二方面軍張發奎部的第二十軍的一、二兩師，葉挺的第二十四師，蔡廷鍇的第十師，和龔楚的一個團，陸續自九江方面抵達南昌，這四師人馬便是「南昌暴動」的主力。

當時張發奎原是共黨心目中最迫切爭取的對象，因為寧漢分裂時期，國民黨左派首腦人物汪清衛，始終留在武漢與共黨合作，反對南京政府，張素來唯汪馬首是瞻，對於共產黨人態度，也是若即若離的。後來中共發動武裝暴動的計劃，被汪精衛發覺了，汪一見到那計劃，直如洪水猛獸，立即幡然改圖，放棄與共黨合作，並勸諭張發奎不要輕信共黨的煽動。那計劃的決策是：

> 拉攏國民黨左派份子，武裝二萬五千中共黨員及五萬農民，以暴力鬥爭解決土地問題。……

張發奎經這番提醒後，特別提高警覺，對於所屬的不穩部隊（當時張部潛伏共黨甚多），已時加戒備。及至賀龍、葉挺等部隊，祕密由九江開赴南昌，張氏即毅然將其主力屯駐於九江至德安一帶，並向南潯鐵路線佈防，監視賀、葉兩部的行動。

三十一日，張親率隨從人員和衛士搭乘南潯路車由九江赴馬迴嶺，巡視李漢魂部第二十五師，當火車經馬迴嶺繼續開赴德安時，發覺所乘列車，已被二十五師的一連兵力所控制，乃不顧危險，無法通知隨從和衛士，倉皇一人跳下火車，徒步跑回馬迴嶺，那些隨從衛士在火車開到德安時，即被二十五師七十三團周士第全部繳械，剝光衣服，驅逐他們步回馬迴嶺。張氏經這一幕捉放怪劇，可謂險絕。周士第之所以出此迅雷不及掩耳之手段，其目的在劫持張氏附共，並無死張之意也。

賀龍與葉挺所部抵達南昌後，當即部署，葉挺部分布於牛行車站一帶，以迎拒北面張發奎來追之兵；賀龍部即分布於進賢門外城郊，以防南面國軍之夾擊，襲楚團和周士第團，則駐於城內新營房，與朱德教導團共同負解決王均第七師，及控制南昌城內。部署已定，即於七月三十一日午夜，城內城外的槍聲，如迎年爆竹般響起來，接著是輕重機槍聲，衝鋒喊殺聲，在靜寂的黑夜中，使南昌市民驚惶失措，走投無路，只好緊閉門戶，躲在黑暗中，等待命運之神的主宰。

城內城外的槍聲，一陣密、一陣稀的響了一夜，人們在驚擾中也不知發生了什麼事，只是兵凶戰危，誰也不敢冒險探望，王均第七師的城防部隊，事前毫無戒備，一經共產黨武裝襲擊，倉卒從夢中驚醒，待要抵抗已來不及，竟全部繳械了。到了次日清晨，城外還有疏疏落落的槍聲，城內已是靜悄悄的有如一座死城，街頭巷尾所見到的，除了共黨武裝站崗外，便是五顏六色的標語，如「打倒帝國主義」、「打倒軍閥」、「實行土地革命」、「沒收，百畝以上地主的土地」、「建立鄉村工農政權」、「鞏固革命陣線」、「保障人民言論、信仰、結社、集會、罷工之自由」等一類好聽的口號，原來南昌這個古老的名城，就在這幕怪劇中一夜斷送給共黨去了。當時南昌城內外流傳著這麼一個民謠：「朱培德，培朱德，缺德。」從這個民謠中，可知江西人民對於朱培德養癰貽患的反感為如何了。

事前潛伏在南昌市內的譚平山、鄧演達、周恩來、張國燾等，這時突然出現在江西大旅社集會，並即宣布成立「中華革命委員會」，以譚平山為主席，鄧演達、張國燾、周恩來、宋慶齡、何香凝、林祖涵、李立三等為委員，吳玉章為祕書長，另設工農運動委員會、參謀團、財務委員會、政治保密局，而以張國燾、林祖涵、李立三等任主任和局長。

在這張名單中，最特別的是宋慶齡、何香凝二人，她倆既非共產黨，而且人在武漢，居然發表她倆為委員，外間自然覺得奇怪，其實，這就是共黨一貫的爭取國民黨左派，藉以分裂國民黨的手法。至於軍事方面，亦成立總指揮部，由賀龍任總指揮，兼第二十軍軍長，葉挺為副總指揮，兼第四軍軍長，劉伯承任參謀長，郭沫若任政治部主任：只有蔡廷鍇、朱德在「新貴錄」上反而沒有他們的大名，「入關不封」的故事，引起了蔡廷鍇的反感，終於在南昌的三、四天中，採取了單獨行動，逕自脫離賀、葉部隊，奔往廣東去了。蔡於行前將十一師內部的共黨籍的團、營長以及政治指導員等星夜捕殺，予共黨以巨大的打擊。

「南昌暴動」成功得容易，垮得也容易，「中華革命委員會」那塊赤色招牌，只短短的掛了三天便捲著走了。原來第二方面軍張發奎已率著第四軍繆培南、李漢魂、許志銳三個師的兵力，由南潯線直薄牛行站，在實力懸殊下，共黨要員們只好率同朱德的教導團、警察、工會、農會糾察隊共約三萬餘人，在八月五日黎明，全部離開南昌，向臨川、宜黃、廣昌一帶逃竄，沿途搶劫擄掠，人民逃避一空，沿途連茶水也找不到，可說是自作自受了。

三、范石生收放朱德的內幕

朱德帶領著教導團的學兵、南昌公安局的警察和工會的糾察隊等殘餘，全部人槍不到九百人，隨同賀龍等逃竄，到達臨川，便奉著中共革命委員會的命令，擴編為民革軍第九軍，於是朱德便憑這八、九百殘餘人槍起家，雖然還受著總指揮賀龍、葉挺的節制，但自後來潮汕潰散另成一軍後，便一直成為紅軍偶像式的統帥，追溯根源，自然當以第九軍始。中共這時還要假冒國軍番號，並不是還留戀著國民革命，目的只是魚目混珠，企圖騙取人民的同情合作，可是他們流竄所至，依然是沿途劫掠，人民逃避一空，給養更發生了困難，於是賀龍便拿出他在湘西做寨主的看家本領，一面逃，一面變本加厲的擄掠劫殺。

這時在南昌的革命委員會的中共高級人員，如譚平山、周恩來、張國燾、吳玉章、惲代英、郭沫若、徐特立、劉伯承等人也隨同部隊前進，在臨川逗留了兩天，便向宜黃、廣昌、瑞金一帶流竄。他們本來計劃由會昌、潯鄔取道平遠、梅縣、五華、惠陽直竄廣州，不料途中遭遇著錢大鈞、黃紹竑兩師的截擊，後面張發奎的部隊，也已由吉安、泰和漸漸追近，客觀形勢已變，迫得將這計劃放棄了。

當賀龍等竄至瑞金、會昌之間，錢大鈞的第三師已由粵、贛邊境前來截擊，這是流竄途中遭遇堵擊的第一次，突如其來，初次接戰，便使他們受了一次重創，接著黃紹竑的一個師也趕到了，雙方便在會昌五里排展開激戰，經過了四度拉鋸式的肉搏爭奪，雙方傷亡均極慘重，屍積如山，在兩次重創之下，迫得落荒而逃，這時福建方面比較空虛，遂繞道福建長汀、上杭，轉竄廣東潮安，汕頭。

九月二十四日，賀龍等部竄占潮汕後，滿以為從此可以建立革命基地，獲得蘇聯接濟，再向廣州進軍，於是，中共的革命委員會，以及黨政高級機關，全在汕頭市掛起招牌來了，一面由賀、葉兵力攻陷豐順、揭陽等縣。那知潮汕是屬濱海地區，在作戰地理上已陷於不利，再加上本身沒有海軍，隨時可能遭受海上來的襲擊。果不其然，九月二十九日，正當中共高級人員在汕頭市嘉應州會館開會時，國軍方面的飛鳶艦竟突如其來進攻汕頭，並強行登陸展開巷戰。同時廣東的大軍和黃紹竑部也互相呼應，分向豐順進攻，這一海陸夾擊，頓使共軍張皇失措，便在這晚上倉皇地向普寧、海陸豐方面狼狽而逃。次日，豐順方面的賀、葉部，在粵軍和黃紹竑部聯合進攻下，也全線被擊潰了。

中共革命委員會黨政高級人員由普寧退竄到流沙後，由於情勢險惡，喘息未定，便在流沙基督教堂召集黨政軍高級人員開緊急會議，決定了黨與軍的分頭奔命，軍隊方面，由賀龍、葉挺、彭湃三人收集殘兵敗卒竄入海陸豐一帶去打游擊，黨政高級人員，即在就近沿海覓取帆船投奔香港各自逃命。迨至緊急會議完畢，離開流沙不遠，國軍余漢謀率著所部一旅預伏在左右兩旁山地，待至他們過到半數時，突然出擊截斷去路，這一來，直把革命委員會那批高級人員嚇得心驚膽落，大家只顧逃命，不但行李輕重顧不得了，連那沿途劫掠來的幾十擔銀元也拋下了，尤其最狼狽的便是參謀團主任周恩來，這時正在病中，先前原是強拉民伕坐著擔架（滑槓）的，在這驚惶混亂中，兩個擔架民伕眼見千載一時的機會已到，突然堅強起來，不約而同的連人帶架扔在路旁，周恩來經這一摔，既痛且驚，山上的槍聲又密密地響著，無可奈何，只得由兩個隨從挾著他從小溪澗中半爬半伏艱險地潛行過去。在秋涼的深夜，海風凌厲，寒氣逼人，他一面發著高熱，一面呻吟著奔命，這樣驚險狼狽的情形，比之「曹孟德割鬚棄袍」，還要慘上若干倍呢！

幸而這役發生在夜間，余漢謀部沒有瞭解到敵人全部虛實，不然的話，周縱不為亂槍射死，也難免生俘了。到了次日早晨，他們一行才零零落落的到達甲子地方，僱得了幾只小帆船，於是譚平山、吳玉章、郭沫若、張國燾、劉伯承等人，分批乘著小帆船渡海逃往香港。周恩來卻因身任參謀團主任，還想帶病留下來，可是經這一番驚險與煎熬，病更沉重起來，但在流亡途中，沒有醫藥，於是，也僱了一隻帆船，帶著病赴香港去了。剩下的黨政軍幹部和殘兵敗卒一百餘人，逃到陸豐時，由於他們都帶有手槍，結果，全被當地的農民當著「肥猪」剿了。

這時，賀龍帶著二十軍的一、二兩師，也竄抵陸豐，在粵軍四面八方包圍下，走投無路，最後，被粵軍全部繳械，同時賀龍也被俘了，師長以下的官兵全部投降，其後不久，賀龍終得粵軍將領將他釋放，也化裝逃到了香港。

此外，朱德第九軍原擔任潮汕以北的防務，這時眼見賀龍等部全軍瓦解，他便各奔前程的回向贛南的上猶、崇義一帶崇山峻嶺逃竄，苟延殘喘，轉眼到了冬天，雖然糧食還可以向農村去搜刮劫掠，但是冬衣卻無法解決，這一來，他們便連流寇式的生活也過不下去了。也許是朱德命不該絕，正在饑寒交迫、進退維谷的時候，忽然有了一線生機。原來國軍第十六軍范石生這時正駐在韶關，范石生和朱德，不但是雲南講武堂的同學，而且是拜把的兄弟，兩人的私交極厚，因此，對於朱德的情況極為關懷，這時便派一個親信，帶著親筆書信來見朱德，轉達了范軍長對老兄弟的關懷，再邀朱率部來歸，暫解目前的困難。

這個意外的佳音，真是喜從天降，朱德滿懷興奮答應馬上考慮，一面殷勤款待來人，一面即召集陳毅等高級幹部開會，對於率部投降的問題，作一個商討和決定，朱德首先說明他與范石生的交誼，可以同生死、共患難，絕不致相負。其次，更透露出他們一段臨機應變、見風使舵的祕密約定。原來當朱德等由南昌竄抵上杭時，范石生就曾與他信使往來，祕密約定：如賀、葉部能攻下廣州時，范即在韶關起而響應，如果失敗時，則率部來投，藉此保全實力。陳毅等聽了朱德這番透露後，覺得這是唯一的生路，至於其他的顧慮，也因這個祕密約定而全部祛除了，於是一致決定暫時的假投降。不到幾天：范又派人解來五千銀元的開拔費，將朱德這一軍改編為國軍第十六軍第一百四十團，朱德化名為王楷任團長，陳毅任政治指導員，林彪任第一營第三連連長，並奉命調駐韶北三十里地的犁市整訓，而且還補充了許多武器械彈，本來一個奄奄一息的部隊，至此又士飽馬騰起來了。這是范石生當年卵翼朱德的情形。

朱德全團在十一月下旬開抵指定地後，不久即得到廣東省委會祕密通知，要他開往廣州，參加廣州暴動。他因為喘息甫定，不敢輕易移動，只在就地秣馬厲兵的加緊訓練。也許冥冥中自有主宰，如果這次他去廣州的話，必然又遭到再一次的慘敗，原來廣州暴動事變，終於在那年十二月十三日失敗了。這時局又有了巨大的變動，本來張發奎第四軍揭起讓黨運動的旗幟與南京中央政府分裂，但經廣州事變發生後，張發奎放棄軍隊出國考察，廣東政局由李濟深主持。

李濟深原知范石生收容朱德之一段祕密，內心極不以為然，在一次會議中，李便明白指出，並要范石生將朱德全團繳械，加以逮捕，范不得已，一面佯為奉命，一面密派專人送了一封密函給朱德，要他立刻離開犁市自謀出路。這天正是民國十七年新年元旦，朱德恰在他的頂頭上司趙超師長家中飲酒打牌，驚聞此訊，立即跑回團部，召集親信幹部密商，準備下一步的行動，結果，決定轉入湖南去打游擊，於是率領全團官兵，假託說「野外演習」，悄悄地由犁市經樂昌、乳源一帶山區，行行止止的竄入湖南宜章。朱德在無處投奔的困境中，由於范石生的一「收」一「放」，而開始他未來的出路。

四、施詭計巧賺宜章城

朱德那次率領全團官兵脫離十六軍范石生的部曲，原是假著「野外演習」的名義，堂而皇之離開的，一路之上，仍扯著國軍一四零團青天白日滿地紅的旗幟，浩浩蕩蕩來到宜章縣境。宜章原是湘南一個山僻小縣，交通梗滯，消息閉塞，對於朱德這番祕密勾當的來龍去脈，毫不知情，又見他們打著國軍旗號，覺得他們遠道光降，倍感榮幸。於是沿街燃放爆竹，興高采烈的歡迎他們大群兒入城，任誰也未想到「錯把大王當國軍」，演成開門揖盜的怪劇！

這一幕滑稽怪劇，說來真令人啼笑皆非，由於朱德等人進入宜章縣城那天，正是農曆除夕（民國十六年），宜章的官紳們，為了表示特別歡迎與敬意，除一面宰猪送酒，犒賞全團官兵外，一面又約定這晚假座縣政府，聯合歡宴營長以上的官長。誰知朱德和陳毅等，心中早已懷著詭計，打算等候機會奪取宜章，做為他們的根據地。現在接到除夕歡宴的邀請，城內各機關與普通市民，大家都在忙著過新年，正是送上門的好機會，只要小施詭計，便可毫不費力的將宜章賺奪過來。同時，這次歡宴既是官商聯合做東，更不難將他們一網成擒，那些官紳都是有體面的人，屆時自可憑票勒贖，不愁他們不拿出錢來，這確是一舉數利的上策。

密議既定，便派胡少海冒充一四零團的朱團長，叫他不動聲色地帶著兩個營長和十幾名精幹的槍兵，前去赴宴，朱德和陳毅等幾個重要人物，則祕密留在團部準備時機一到，發號施令，劫奪縣城。

正當眾官紳們熱情洋溢的敬酒敬肴之際，突然間，縣政府大堂外面槍聲拍拍響起來了，在座的官紳們還以為是鬧年的爆竹，不以為意，可是那隨來的十幾名槍兵，一聞槍聲便已作了準備，立刻將縣府各門的門衛控制著，隨即繳下武器。在座的官紳眼見變生肘腋，驚惶莫名，起身欲逃，一見前後左右的門統被把守住了，只得重複坐下，其中有個膽大的便顫怯怯的問：「朱團長，敝縣有什麼地方對不起嗎？……」胡少海站起來答道：「大家不要驚慌，這次的事變，係為民團局而發和各位不相干，只是今晚請各位委屈一宵，明天再說……」各人聞言，心情雖稍安定一些，只是兀自摸不著頭腦，心想：你們是客軍初到，民團局何事開罪了呢？……但誰也不敢出頭再問，只是面面相覷尷尬的對著。

就這樣靜悄悄的僵坐到夜深，門外的槍聲代替了迎年的爆竹，就中又有人出來要求放他們回家度歲，如果有什麼開罪之處，明晨親到團部拜年並謝過，但胡少海的答覆是：「對不起，這是公事，我們不能允許各位的要求……」一面說著，一面吩咐眾槍兵將這群官紳，一各個扣留起來，各人只有毫無抵抗地任由他們擺佈著，前為東道主，後為階下囚，眾官紳做夢也未想到這一番盛會盛筵，竟演成一幕啼笑皆非的滑稽怪劇。

朱德導演的這次城市暴動，結果，宜章縣城的警察和民團的所有武器，全部繳去了，計繳獲長槍三百餘支，俘虜警察和民團團丁三百多人，這一來，人既多了，地盤也有了，於是，大張旗鼓的成立「中國紅軍第四軍」，並連夜趕製一面鐮刀斧頭的紅軍旗幟，所謂共產黨的革命武力——中國紅軍，便由串演上述一幕滑稽怪劇賺來的本錢，而正式成立，時為民國十七年農曆新年初一。紅四軍軍長由朱德自任，原來的一四零團改編為紅軍第二十八團，由王爾卓任團長，陳毅任黨代表，其餘粵北、湘南沿途參加的工農和宜章縣部份的民團警察，合編為第二十九團，由那位「冒牌將軍」胡少海任團長。

自是之後，他們一面成立地方組織（各級的蘇維埃政權），展開農民運動，特別是以「打土豪分田地」來策動農民鬥爭，收繳地方武力和民間槍枝，凡加入工會農會組織的壯丁——十九歲至三十歲的編為赤衛隊，十四歲至十八歲的編為少年先鋒隊

——以生長在這個古老山縣的人民，經這套新鮮的、富於煽動性的蠱惑，那殘酷的血腥鬥爭，自然更是如火如荼了。

朱德率領的紅四軍，自在宜章立定腳跟後，便繼續向附近的郴縣、永興、耒陽等縣推展，同時也如法炮製的成立各級蘇維埃政權，組織工會、農會、赤衛隊、少年先鋒隊等，展開「打土豪分田地」的所謂流血革命鬥爭，而且更瘋狂地進行著，他們捉到了地主，地主的生命財產，便任由他們生殺予奪的擺佈，許多無知農民被紅軍慫恿著藉此發洩仇恨，同時也藉此解決衣食，這種打家劫舍的強盜行為和大家脫到精光的落後政策，直到他們占領大陸後進行土改鬥爭，還沒有多大改變，甚至他們黨中的老人，也直切承認著這一血腥事實太過殘酷。

五、冤家聚頭朱、毛喜會合

這樣洪水猛獸般的行為，糜爛了湘南數縣，聲勢漸大，警報頻聞，一方面引起了井崗山上毛澤東的重視，打算率部前來會合；一方面也驚動了湘、粵兩省地方當局。於是，湖南的國軍由衡陽向耒陽進剿，這一南北的夾擊，使紅四軍遭遇到第一次的巨大挫敗，結果，放棄宜章，退守郴縣。恰在這時，毛澤東親率著工農革命軍第一師前來會合，接著朱德也由耒陽方面敗退下來，朱、毛二人便在此時此地作第一次的會見，大家在交換兩軍的情況後，使毛澤東格外感到興奮。因為毛澤東雖占有井崗山的根據地，但他所率領的工農革命軍第一師，全部人槍不過六百人，而朱德紅四軍第二十八、二十九兩個團的武力，迫擊砲、重機槍、手槍和各式步槍總數不下兩千，人數則超過三千以上，那些赤衛隊、少年先鋒隊還不在內。他們一經會合，便平添了六倍的武力，毛澤東滿懷高興，自是可想而知的了。

朱、毛二人在幾度會商後，便決定放棄湘南宜、郴、永、耒四縣，退回江西寧岡，整編部隊，安頓非戰鬥員及老弱婦孺，然後伺機再求發展。寧岡原是個偏僻狹小而又貧瘠的山城，位於井崗的西北麓，全縣人口不到十五萬人，城區市面還不如一個普通的市鎮，農產貧乏，市面蕭條，毛澤東選擇這個地方駐紮，一方面利用這三不管的地形，便於休養整訓。就在這個期間，中共中央仍然祕密遷回上海，而逃往香港的譚平山、張國燾、周恩來諸人，也已先後潛回上海從事活動，中共中央總書記瞿秋白，已因領導各地暴動，犯了嚴重的左傾盲動主義的錯誤，被第三國際調往莫斯科接受檢討，由向忠發代理總書記，決定停止以往暴動奪取城市的錯誤政策，改為發展紅軍組織、建立鄉村蘇維埃政權、實行土地革命、加強農村武裝鬥爭等新的鬥爭路線，這一新路線，便成為朱、毛會合後的政略。

此外，為了配合政略，對於戰略和戰術方面，也有著新的決定，戰略是：

一、運用廣大的運動戰，以襲擊、伏擊、突擊等方式，消滅對方的一部或全部。

二、展開廣泛的游擊戰，從而消滅地方武力的挨戶團、自衛團、守望隊等，並進行民眾武裝組織，建立地方革命武力。

三、摧毀國民黨鄉村政府，建立鄉村蘇維埃政權，配合政略，由鄉村的控制再進而為城市的奪取。

上述的戰略，除了「由鄉村的控制進為城市的奪取」一項，不僅成為中共以後政略戰略配合運用的最高原則，而且發揮過高度的效能，最顯明的例子，如東北的長春、瀋陽等大城市陷於全面孤立，終於在鄉村的控制下被吞噬了，便是這一戰略運用的最高表現，這且不說，更精微而高明的，更是紅軍在戰術上確能做到奇正虛實，變幻無方，盡古今未有之奇，毛澤東一生以搞軍隊起家，從烏合之眾而席捲大陸，其最得力處，還是在戰術的成功。他的戰術原則是：

一、**敵進我退**：當敵軍向我進攻時，其兵力必優於我，銳氣正盛，我軍應主動的撤退，以保存實力，待機轉移攻勢。

二、**敵退我進**：敵軍撤退時，其銳氣已滅，我軍應主動的追擊，相機消滅其一部份，以打擊其士氣，並可積小勝為大勝，以補充自己，壯大自己。

三、**敵駐我擾**：敵軍宿營時，我軍應以小部隊實行夜間輪番襲擊，使敵軍無法休息，以麻痺敵人神經，疲勞敵人，造成於我有利形勢。

四、**敵疲我打**：當敵軍被我擾亂，陷於疲勞狀態，我軍有可乘之機時，應即集中力量，主動進攻，以殲滅敵人。

五、**化整為零，集零為整**：當敵軍大舉向我圍剿，我無法脫離敵人時，應即運用優越的民眾條件，及複雜的山林河川地形，將部隊避匿於山林河谷，或分散潛伏於民間，使敵軍迷失攻擊目標，以待其撤退。又當敵軍分散駐紮，有利於我進攻時，或有集中行動的需要時，應將分散的單人或小部隊迅速集中，一致行動。

六、**旋磨打轉，脫離敵人**：敵人向我追擊，我即利用民眾條件、地形條件，敵向西，我即轉南；敵向東，我轉北，任我盤旋，以迷惑敵人，脫離敵人。

七、**猛打猛追，速戰速決**：我軍投入戰鬥，進攻敵人時，必須以勇猛堅決的精神，施行衝鋒，發揮最高的威力以壓倒敵人，迅速解決戰鬥。敵人退卻時，無論是戰場內或戰場外，必須毫不猶豫的猛烈追擊，使敵軍無集中喘息機會，一鼓而殲滅之。

八、**飄忽無常，乘虛避實**：我軍為求得主動，無論進攻或避開敵軍來攻，均須行蹤飄忽，出敵意表，乘敵之虛，避敵之實，處處尋敵弱點，而施以堅強之攻擊，以短促之時間解決戰鬥，旋即迅速撤退，以保持已得之勝利。要做到飄忽無常，便須瞭解敵情——番號、數量、裝備、動態、主官姓名及其特性等，根據敵情，決定自己的行動與計劃，更需絕對的機密與迅速。

這八項戰術，成為紅軍一切軍事行動和訓練官兵的原則，由於這八項原則，主要偏重在游擊方面，所以中共後來的游擊戰確是神出鬼沒，表現得特別精彩，自然與此有著密切的關係。

朱德隨著毛澤東雙雙到達井崗山後，便商量將所有的紅四軍、工農革命軍第一師，以及從宜章、郴縣、耒陽等縣裏脅來的赤衛隊等，來一個全部整編，整編的情形是這樣的：

一、朱德原統率的紅四軍第二十八團、二十九團仍保留原有的番號和組織，又將水口山的工人赤衛隊，改組為第三十團，合編為紅四軍第十師。

二、將宜章、郴縣、耒陽三縣的赤衛隊，改組為第三十一團、三十二團、三十三團，合編為紅四軍第十一師。

三、以毛澤東的基本部隊的工農革命軍第一師，改編第三十四團；王佐、袁文才的兩股嘍囉，編為第三十五團；永興的赤衛隊編為第三十六團；合編為紅四軍第十二師。朱德任紅四軍軍長，毛澤東任黨代表。

這是當年「朱、毛」紅軍的基本，照當時國軍龐大兵力說來，只能算是「星星之火」，又誰知若干年後，「星星之火」，竟成燎原，且將整個中國大陸，埋葬在火海中！

這時「朱、毛」軍隊有了，盤據的地盤也有了，便一面忙著訓練擴充，一面忙著打土豪分田地，劫奪金錢糧食物資，儲存井崗山，正是鬧得如火如荼。這時國軍也正忙於北伐，無暇南顧，但眼見這星星之火，愈燃愈烈，不能不加以撲滅，於是，一面繼續北伐，一面命湖南何鍵派出兵力，會同駐江西的金漢鼎部分進合擊，相機進剿。

何鍵部的一個師進駐安仁，向郴縣進攻，以取井崗山之西；金漢鼎部兩個師，由吉安攻永新，以趨井崗山之東北面。「朱、毛」打聽到這一消息後，立即分配朱德率二十八、二十九兩團人採主力攻勢，先行占領七級嶺，以迎擊由永新來攻之敵；毛澤東親率三十四團以禦湖南方面的進攻，採守勢以確保井崗山的巢穴，一面又派附近各縣的游擊隊（這時原有的赤衛隊又改稱游擊隊）分頭游擊，以迷惑敵軍，阻滯敵軍的進攻，並掩護七級嶺方面的主力作戰。

哪知金漢鼎部的楊池生、楊如軒兩個師，進抵七級嶺附近與紅軍展開戰鬥，戰事進行激烈時，湖南會攻的一個師，竟始終徘徊於安仁郴縣之間，彳亍不進，毛澤東得知這一情報後，無異是天上掉下來的機會，立即抽調三十四團投入戰鬥，夾擊金漢鼎部，這一來，使楊池生、楊如軒兩個師大敗，不但死傷枕藉，而且被俘去了四、五百人。這是湘、贛國軍會剿井崗山第一次的失敗。時為民國十七年農曆端午節日的事。

這一戰役，國軍失敗的原因，無疑是敗於不能協同作戰，本來預計使紅軍兩面作戰的，結果，卻使自己陷於兩面受敵，而遭到慘敗。但「朱、毛」獲得這一意外的勝仗後，紅軍的聲勢大振，同時井崗山的根基也大大的鞏固了。天相紅軍呢？人謀不臧呢？說來也真是可嘆！後來不久，金漢鼎收拾殘部，重整旗鼓，攻下永新縣城，但因永新在毛澤東直接領導下，可說是全面赤化了，因此，縣城已陷於孤立中——四鄉的糧食、蔬菜、肉類等來源完全被杯葛和截斷，結果，只好自動放棄，退守吉安之線了。

六、賀子珍做了押寨夫人

金漢鼎撤出永新的第三天，毛澤東便帶著工作人員和一連紅軍來了。永新原有中共的黨、團組織，共產主義青年團永新支部書記，便是賀子珍（按：若干記載中，多誤為志珍），她有兄妹三人，長兄賀敏學也是共產黨員。她畢業於吉安十屬的吉州中學，生得嬌小玲瓏，宜嗔宜喜，平日在學校時就很活躍愛出風頭，說話也很有條理，那一副嬌滴滴的聲音，和一雙水汪汪的眼睛，端麗之外，還有一種甜蜜的媚態。

當民國十七年初夏紅軍第一次攻陷永新時，賀子珍才十八九歲，在紅軍工作人員誘騙之下，她開始祕密地參加了中共蘇維埃運動工作，等到毛澤東二次進入永新，她便以團支部書記的身份來見毛澤東，毛澤東一見她那副宜嗔宜喜的面容和活潑輕盈的體態，頓時笑逐顏開，滿懷高興，問長問短，她卻也能對答如流，毫不羞怯，兩人談得很投機。到了黃昏，她又親自送來兩隻雞，兩瓶酒，毛澤東見她再來而且還送了肥雞美酒，心想這小妮子真是可人，更是喜悅不勝。事實上，這些年來，毛澤東確也枯寂地有如乾煎，一旦有了年青貌美的女子來親近他，簡直有如枯木逢春，涸鮒得水，於是馬上留著賀子珍陪他吃晚飯，兩人吃吃喝喝，談談笑笑，自然更親密起來。

第二天晚上，毛澤東召開永新黨、團會議，商討展開蘇維埃運動等問題，賀子珍女同志在會議上發言最多，表現得特別積極，毛澤東一面聽，一面頻頻點首，笑容始終沒有收起過，會議開到深夜一點多鐘才散，毛澤東笑瞇瞇的說道：「夜深了，賀子珍女同志不便回去，就在這邊睡罷，我還有要事和你談談。」賀子珍果然留下來，這一晚，他們兩人便開始了前生的孽緣。次日早晨，毛澤東春風滿面喜洋洋地對大眾宣布：「我和賀同志兩人愛上了，由同志之愛進而為夫婦之愛，這是我們革命鬥爭生活的起點。」毛澤東說畢，打了一個大哈哈，賀子珍站在毛的左邊，帶著羞人答答的笑容和大家打著無言的招呼。

毛澤東原是個充滿了英雄主義和封建思想本質的人，對於一個生長在山城中學畢業的女子賀子珍，作為配偶，應該有著不平衡之感的，但因這時毛澤東正處於惡劣境遇中，在政治上飽受著黨中央和湖南省委的打擊，軍事上又隨時有被俘的危險，精神上充滿了寂寞苦悶的心情，從來英雄末路，處在逆境中，總喜以醇酒婦人來排遣自己的苦悶，何況井崗山上，平時總是一片亢陽，輕易找不到一個像樣的女人，一旦遇上了賀子珍這麼個俏麗活潑的少女，在性飢渴迫切需要的情形下，自然是急不暇擇的草草求得性解放為滿足，至於相配不相配，都不在計較中了。

賀子珍做了井崗山的押寨夫人，她還有一個妹妹賀怡，不但同是吉州中學的同學，而且她的姿色性格，愛好虛榮和浪漫，恰是無獨有偶的一對姊妹花，姐姐既然有了革命伴侶，妹妹便也成為寨中大小頭目爭相獵取的對像了。恰好毛澤東的弟弟毛澤覃這時也已上了井崗山，毛澤東自命是前進的「風流人物」，毛澤覃當然也就不肯落後讓乃兄獨占風流，他眼見大喬既然已屬乃兄，竟也毫不猶豫的進行攫取小喬了，他一面利用乃兄的權勢地位，一面又利用嫂嫂做好做歹的撮合，終於這對姊妹花，成為難兄難弟所占有了。

兄弟姊妹，一雙兩好，名花有主，福慧雙修，原該是值得慶幸的一件事，無如造化弄人，紅顏薄命，她們姐妹倆都先後遭遇到不幸。賀子珍後來被打入冷宮，長門寂寂，過著度日如年的活寡生活，這是眾所周知的事。賀怡竟也成了孤鸞寡鵠，飄溷飄茵，終且不幸遭到橫死，當年的歡笑，變成了一場噩夢，說來也確是悽惋。當民國二十四年三月間，毛澤東已領著江西蘇區的紅軍分路西竄，毛澤覃也奉到中共中央的命令，隨同瞿秋白自閩、贛邊區突圍西奔，由於國軍的攔截追擊，瞿秋白當場被俘，毛澤覃也就在這一役中陣亡了，從此時起，賀怡頓成了新寡文君，度著寂寂空幃的獨居生活，但她性格是近於浪漫慣了的，在共幹們互相爭奪文君的場合中，她終於又下嫁了涂振農（江西籍共產黨員），一個浪漫性格的女人，在心情破碎之下，往往流於荒淫放縱，何況在中共黨中，對於性的需求，性的解放，認為是進步的行為，當她嫁了涂振農後，又遇上了風流冤家的陳毅中途糾纏，於是，她同時周旋於涂、陳之間，正如無主落花，輕狂柳絮，花嬌蝶浪，來者便佈施一番，終於一九五〇年，在江西途中發生翻車慘劇，香消玉殞了。

至於賀怡的再醮丈夫——毛澤東的連襟涂振農，卻早在她翻車慘死前，為了毛澤東遺棄賀子珍的事而遭到不幸。這話又得說回來，賀子珍當年參加蘇維埃運動，雖然是以浪漫前進的姿態，被老毛看上了，但她終是農村出身，脫不了所謂舊社會的氣質，自從下嫁老毛後，終身有了歸宿，竟收拾那一套浪漫派的作風，一變而為賢妻良母型了。當老毛屢遭黨內黨外的打擊，處在極度逆境時，她確能以三從四德的柔順婦道，給予老毛的安慰與鼓勵不少，自做押寨夫人到西竄一段時期中，她替老毛生養了幾個兒女，除了長子毛岸英始終養在她自己身邊外（後在韓戰中被打死），其餘的兒女，據說在西竄途中，大人已成了鋒鏑餘生的亡命客，小孩更自無法攜帶，只好祕密地安頓在農家，至今事隔多年，滄桑幾變，已無從追尋下落了。賀子珍隨著老毛萬里迢遙，流離轉徙，已是艱苦備嚐，初抵陝北窯洞時，她還能以患難夫妻的身份，做其洞主的押寨夫人，哪知正當老毛的政權漸漸穩固，滿以為苦盡甘來的時候，毛澤東卻移情別向，另結新歡，愛上了另一個革命伴侶——藍蘋了。

此時毛、賀夫妻間為了藍蘋，由最初的勃谿，終至越鬧越決裂，這位書獃子氣質特別濃厚的涂振農，居然擺出他與老毛襟兄襟弟的親情，替大姨賀子珍打抱不平，向毛澤東直言諍諫，這時老毛對於藍蘋，正是意亂情迷之候，哪肯聽他這些迂腐的逆耳諍言，無如這位襟弟涂振農也特不識趣，儘管老毛不理不睬，他還是一味的嘮叨不休，這一來，惹得老毛火起，一怒之下，便將他外調華南地區去幹地下工作，不久便因失事被捕，想不到涂振農竟做了窯洞中宮闈鬥爭的犧牲品了。

再說賀子珍自從做了押寨夫人後，毛澤東在山中的枯寂生活，固然得到了雨露的沾溉，使他的心情和精神，有如枯木逢春的生氣，但另一方面，卻又使他頭痛了。原來紅軍第一次擊退了金漢鼎的部隊後，不久，金部又奉命捲土重來，聯同湘軍仍採取夾擊會剿之勢，紅軍為了鞏固井崗山的巢穴，不敢將兵力過於分散，乃將山之周圍赤化了的縣區放棄了大部份，這一來，力量是集中了，可是紅軍的給養，從此發生問題。因為以往紅軍的給養，全部依賴向附近縣份以「打土豪」的方式，搜刮劫掠而來，經過兩次進退血戰後，地區縮小了，農村破產了，富有的死的死了，逃的逃了，此時紅軍的財源、糧源自然陷於枯竭的境界了。那些被裹脅、蠱惑雜湊而來的紅軍，不但嘍囉們各個發生怨望，便是中下級的頭目，也一樣發生動搖，因此，在紅軍二十八團中，就曾發生槍殺團長王爾卓及全營叛變的事件，可惜那時國軍完全昧於井崗山上的實情，否則以湘、贛兩地的兵力，一面合力會剿，一面運用政治、宣傳等力量，自不難瓦解紅軍的軍心，直搗山寨，一鼓盪平的！

毛澤東最初將馬克思主義搬上井崗山的目的，原希望在山區建立根據地，現在眼看這坐以待斃的險惡形勢，乃決定奪取湘南，將蘇維埃政府由山區再搬到城市中去。當時駐防湘南酃縣的國軍，就是朱德的救命恩人范石生部——第十六軍，但這時朱德早已辜恩負德，忘到九霄雲外去了。范石生部原極腐敗，戰鬥力甚差，紅軍以回湘求生路的必死決心，自然不是敵手，經過了一天的激烈戰鬥，國軍受到重大的傷亡，范的軍部也被朱德攻陷了。朱德以勝利者的姿態，巡視刦後的范軍部，而在一年多前，由范派往送信給朱德勸降的那個副官長，也已陳屍血泊中，死狀絕慘，其時朱德有個老幹部也不知是否有些不忍，還是另有別意，突然問朱德道：

「范軍今天被我們打得大敗，軍長還記得在曲江犁市時，曾和這位副官長打過好幾次牌呢？」

朱德卻稀鬆地答道：「革命是沒有什麼恩德和私情的，階級立場不同，就是生身父母，也要革他的命，其他更談不到了！」

從上面的一問一答，便可想到共產黨人的本質，直是三國演義中所描寫的奸雄曹操，「寧可我負天下人，不使天下人負我！」

七、中美人計彭德懷投共

寫到這裡，不能不將紅四軍的情形暫且擱住，另補敘一番其他地區的紅軍，以便明瞭當時整個紅軍燎原的情勢。原來與毛澤東落草井崗山前後，中共已有八個蘇區，即所謂豫鄂皖蘇區、洪湖蘇區、潮汕蘇區、閩北蘇區等等。

豫鄂皖蘇區：包括豫南、鄂東、皖西三個地區，以湖北黃陂、黃安等縣為中心，這三地區，各成立一個紅軍師，後來這三個師，合併成立「紅一軍」，中共中央軍事委員會派徐向前為總指揮，更後遂發展為四方面軍，改由張國燾負該地區黨政軍的領導全責。

湘西蘇區：賀龍自潮汕失敗後，輾轉逃回他的老巢湘西的桑植、鶴峰等地區，就他妹妹賀三姑領導的土匪為基本，吸收綠林草寇，地痞流氓，成立「紅二軍」，由賀龍任軍長。

洪湖蘇區：包括鄂南的監利、石首等縣（位於長江北岸），於民國十九年成立「紅六軍」，由段德昌任軍長。

閩北區：包括長汀、上杭等縣，成立了「紅十二軍」，由羅炳輝任軍長。

潮汕蘇區：葉挺自潮汕戰敗，全軍瓦解，乃由彭湃收集他的殘部，出入於海陸豐一帶，其後葉挺與彭湃會合，不久，復發動廣州暴動失敗，這一部份雖散，但北江地區的特委會，仍祕密繼續活動。

右江蘇區：包括廣西的百色、東蘭、奉議、田東、思林等縣，由俞作柏主廣西省政時，被共黨滲透並勾結俞作柏的弟弟俞作預，內外培養而成，後即成立「紅七軍」、「紅八軍」，分別由李明瑞、俞作預任軍長。

此外，還有陝西的渭南蘇區：由劉子丹、高崗領導，但在秋收暴動一役，即全部瓦解，這是唯一壽命短促的蘇區，後來雖然死灰復燃，再在陝北建立據點，而且成為毛澤東逃到窯洞時的恩人，那是以後的另一件事，這裡暫且不論。

民國十七年冬，正是「朱、毛」在井崗山上作困獸猶鬥的時候，國軍何鍵部旅長彭德懷突然在湖南平江率領著全旅人，勾結黃公略同時叛變，投奔井崗山與「朱、毛」合流，這一來，使到「朱、毛」紅軍平添了兩股新生力量，而聲勢大振。本來彭德懷是不懂什麼「馬克思」、「牛克思」的，他自幼失去了母愛，賴祖母為活，做看牧童、學徒的苦工，又是不得祖母歡心的忤逆兒，每當他放工回家時，祖母還要迫他做這做那，把他當著奴隸般看待，他恨祖母恨到極點，便一腳踢翻了祖母的鴉片煙缸，從此投軍吃糧當起「丘八」來。他由雜兵當起，到了北伐時期，經過幾次戰役的苦鬥，升到魯滌平部下的營長，繼之又由團長而洊升為何鍵部的旅長，始終沒有離湘軍的圈子。至於促成他的叛變原因，只是由於過份的「英雄思想」，希望出人頭地，另打天下；而促成他的投共，卻是由於中共的美人計，原來毛澤東為了要壯大自己，瓦解敵軍，便祕密利用許多有姿色的青年女學生黨員，不惜犧牲色相，分頭對那批雜牌軍人進行誘惑，最初誘之以色，繼之則施以離間挑撥，彭德懷做了旅長後，一方面有其英雄意識，另一方面又憧憬著英雄美人幻想，他一接觸到那位年輕貌美的平江中學的校花，便神魂顛倒的很快上鈎，在結婚的第二年，便叛變投共了。

彭德懷與黃公略的投共，確是那時中共與毛澤東一個極重要的關鍵，第一是：加強了中共蘇區的軍事力量與聲勢；第二是：充實了毛澤東在政軍方面的本錢；第三：打擊了國軍的士氣，同時也導致了以後國軍整個部隊投共的先例。其後繼續發生的朱培德部的羅炳輝，孫連仲部的董振堂、趙博生的先後叛變，便是受到彭、黃影響的結果。彭、黃自加入井岡山後，黃公略部即改編為「紅三軍」，彭德懷部改為「紅五軍」，聲勢一天天浩大，但也加重了當時政府的注意，乃於是年十二月間，動員了湘、贛兩省國軍五、六師人的兵力，計劃對井岡山來一個「第三次」的大會剿，「朱、毛」得到這個情報後，立即在萬安；遂川交界的白露墟召開緊急的前敵軍事會議，討論如何對抗國軍出動強大兵力，非以前兩次可比，應一面先向贛、閩邊區創立新根據地，發展新蘇區；一面化整為零，就井岡山區附近縣份以游擊戰術，來對抗國軍的會剿，並保衛井岡山的根據地，而且決定朱德的「紅四軍」擔任前一任務，彭德懷的「紅五軍」擔任後一任務，朱德和毛澤東趁著湘、贛兩軍尚未會齊，便帶著「紅四軍」偷渡過贛江，向瑞金、長汀進發。

等到湘、贛兩省的會剿軍開始向井岡山進攻時，已是天寒歲暮的臘月底了，那時井岡山上守軍雖不多，但以山勢處處險要，「一夫當關，萬夫莫開」，雖然在環攻下，一時卻也難以攻破，江西方面的國軍，乃以「重賞之下，必有勇夫」的方法，徵集勇敢善戰的官兵二百人，組成「敢死隊」，由井岡山的鄉民嚮導，從人跡罕到的山谷深澗中，披荊斬棘，附葛攀籐，爬上井岡山，向小井進擊，同時各路國軍也猛烈環攻，井岡山這座天塹般的險區，終於在民國十八年二月十日（農曆正月初一日）攻下來。彭德懷與黃公略取得聯絡後，便也偷渡過贛江，向閩贛邊區東進。再與「朱、毛」會合。

國軍占領井崗山後，由於山路崎嶇，交通運輸極不便，軍隊餉糈難以接濟，因此無法久駐重兵，於是採取了一個徹底的清剿政策，一面將山上居民徙置山下，一面成立挨戶團，舉行五戶連保連坐。在這次清剿中，北自江西永新的小江山區起，經寧岡、井崗山的大小上中下五井、荊竹山；南至湖南郴縣的大院為止，這一廣袤數百里的山村，全經過一次清查搜剿。可是，當國軍退出山區後，中共邊區的祕密武裝游擊隊，又化零為整的集中起來，再盤據這一山區，繼續其赤化工作，真是「野火燒不盡，春風吹又生」了。

中共中央在瞿秋白領導時，是堅決執行武裝暴動，以推翻國民黨統治，建立蘇維埃政權的國際路線，他先後策動了廣東海陸豐暴動、廣州暴動，湘、鄂的秋收暴動、陝西的渭雨暴動，但結果，完全失敗了。此時共產黨第三國際認為瞿秋白這一軍事冒險政策，犯了盲動主義的錯誤，而且這一錯誤，導致了中國共產革命走向低潮，於是調瞿去莫斯科檢討。至民十七年秋，中共即在莫斯科召集了「六全大會」，撤換了瞿秋白的總書記職務，另派向忠發繼任，周恩來任組織部長，李立三任宣傳部長。

向忠發是一個武漢船伕出身的人，對於所謂「革命」，除了死記教條外，其他根本就不懂，於是中共政策的擬訂和支配處理的大權，便完全落於李立三之手。

其時，李立三認為由一九二八年秋至一九三〇年終，鑑於朱德、毛澤東在贛、閩邊區游擊戰爭的發展和廣西蘇區的建立，認為中國革命的高潮已將到來，於是，提出「中國革命鬥爭，應即由控制鄉村小城市，轉變為占領大城市，並應集中紅軍一切武力，以奪取武漢為中心，進而爭取全國的勝利」的策略。因此，中共中央便下令紅軍派出彭德懷的紅五軍，黃公略的紅三軍進攻長沙，且曾一度將何鍵部擊敗，進而占領長沙，但不旋踵間，即因國軍的反撲而退出，接著雖又作第二次的進攻，結果，紅軍大敗。

同時，「朱、毛」紅四軍也奉命直接指揮向南昌進攻，以響應長沙的軍事行動，而且占領了興國、吉安、吉水、豐城，前軍直迫南昌生米渡（距南昌五十里），中共這一計劃，準備於長沙、南昌攻下後，會師武漢，從而占據長江中游，再擴大而摧毀國民黨統治，誰知這兩路進攻，都先後鎩羽而歸。

本來，李立三這一進攻大城市的策略，毛澤東是力持反對的，李立三則批評毛澤東為右傾機會主義者，曾給毛以處分，從此引起了李毛的明爭暗鬥。但在這次進攻大城市打硬仗中，使得紅軍受到重大損失，而且各地的地方祕密黨部等組織，也因為參加暴動而暴露而至全部解體，更因為在軍事行動中，實行燒殺劫掠，使到人民更視紅軍如蛇蠍，起了極大的反抗。於是，第三國際認為李立三路線，實犯了以右傾機會主義為實質的左傾機會主義的錯誤。李立三便於這年冬，也被調去莫斯科受嚴重的處分，事後又將他派到工廠裡做苦工，進行學習改造，而且要中共黨內展開反「立三路線」的鬥爭。到了次年春，向忠發在上海被捕，經審判後執行槍決，於是中共中央總書記，又改由周恩來繼任。

八、張輝瓚進剿慘死龍岡

李立三挾著中共中央政治局的權力，以泰山壓頂之勢，加之於毛澤東，老毛雖明知自己的紅軍係由裹脅雜湊而成的，武器彈藥都有問題，竄擾破壞還可以，攻堅打硬仗則萬不濟事。然而在李立三的高壓下，他無法不服從，只有硬著頭皮分派紅軍，四面出擊，先將贛州、大庾、南康等縣攻下，以減少粵軍會攻的威脅。一面又發動閩西、贛東的羅炳輝部攻陷上杭、上饒等縣，以扼斷浙贛通路。卻將主力分向湖南、江西兩省會，以進攻長沙、南昌。

那時江西省主席魯滌平，湖南省主席何鍵，都屬於湘軍範圍。同時，彭德懷原是由何鍵部叛變投共的，因此，長沙一路便由彭德懷負責，南昌一路則由「朱、毛」親自指揮。這時國軍正忙於對付馮、閻激烈的內戰，無暇兼顧，湘、贛兩省只有省防軍留守，異常空虛。彭德懷一路在攻陷岳州後，包圍沙市，經何鍵部擊退，便退據他原來叛變的平江，接著「朱、毛」紅軍又加派孔荷寵部來會師，合計兵力三萬餘人，於民十九年七月二十四日攻陷長沙，焚擄燒殺，慘酷異常，並襲擊外僑和領事館，引致外交上嚴重事件。中央即派何鍵為湘、鄂、贛三省剿匪總指揮，在全力反攻下，始將長沙克復。

「朱、毛」這一路，從永新、寧岡向興國、吉安、吉水、永豐、新淦、樟樹鎮、豐城，連下七、八縣，前軍直逼南昌對江的生米鎮，當時南昌守軍僅有路孝忱部一旅人，連魯滌平直接握掌的部隊十八師張輝瓚部也外調了，一時大為震動，魯滌平面對這聲勢浩大的紅軍，覺得據守毫無抵擋可能，主張放棄南昌，退守九江，以待中央援軍。卻幸路孝忱這關西軍人堅持主張固守，一面積極構築守城工事，恰好這時長沙已經何鍵克復，「朱、毛」為了應援長沙方面，乃放棄攻取南昌企圖，自行退卻，南昌才得轉危為安。

中央鑑於紅軍勢力猖獗，乃派何應欽督辦湘鄂三省剿共軍事，成為中央派駐大員督剿紅軍的開始。何應欽於抵達南昌後，一面召開三省綏靖會議，一面部署軍事準備進擊時，「朱、毛」已親率彭德懷、黃公略、林彪等部，分成七路，於八月三十一日再度圍攻長沙，經過了三天的猛撲，長沙仍在守軍固守中，屹然未動，最後「朱、毛」眼見這樣曠日持久不是辦法，竟妙想天開，仿用二千年前田單火牛衝鋒的老方法，四出農村擄索壯大耕牛數百頭，將松脂紮在牛尾上，燃著趕向城頭，牛尾被燃燒負痛，拚命向前狂衝，可是在長沙守軍堅強抵抗下，依然毫無辦法，直至九月四日，國軍增援部隊到來，內外夾擊，紅軍大敗，遂向瀏陽和贛南各地回竄，紅軍主力復攻陷寧都，據為集結之處。

這時馮閻之役軍事已告一段落，蔣先生以今後可以全力剿紅軍，乃由南京西上，赴江西視察，並於是年十二月四日在南昌召集湘、鄂、贛、粵、閩五省剿共軍事會議，楊永泰、熊式輝由滬奉召赴贛，協辦政治軍事，搭乘水上飛機，那知剛起飛時，機翼誤撞入停泊在江心的船桅上，遂致失事，二人均受重傷，經送入上海醫院救治，結果，楊永泰完全康復，熊式輝則已損一腳，至今走起路來，還是一顛一跛的，便是這次飛機失事所致。

蔣先生於剿共軍事會議中，對於各省防軍歷次剿共之役多屬陽奉陰違，怠忽軍事，不能協同圍剿，嚴加斥責。張輝瓚以防守的駐軍師長兼南昌衛戍司令，出席會議，在一次單獨召見中，蔣對於張的清剿軍事和衛戍省垣的情形，嚴詞詰問，並責成張以戴罪圖功的心情去補過，張於懍懍危懼中受命後，立即趕赴前線龍岡去督戰。龍岡原是一個群峰環抱、千壑錯綜的山區地帶，形勢非常險要，張輝瓚對於地形陌生，只是感於最高當局的責難，一時憤激衝動，一進陣地後，彭德懷的部隊即從深山窮谷中爬出來，四面重重加以包圍，混戰了一晝夜，整個的十八師全部被殲，師長也已被俘擄了。

紅軍把張輝瓚俘擄後，最初是夜以繼日的疲勞審問，希望從張的口供中，獲得國軍的清剿計劃和南昌的虛實，繼之加以酷刑，先用火水澆遍全身，施以火攻，然後再把張的頭割下，張輝瓚死時，全身已無一根毛髮了。更可惡的是：紅軍不但要了張的命，還蓄意要丟張氏祖宗的體面，也不知紅軍從何處找到一片「張氏家廟」木製的匾額，便將同張輝瓚首級一塊放於贛江沿邊，順流而下，一直飄到南昌章江門外，大家才知到張已被害了。雖然，張的死，是為剿共而壯烈成仁，但人們總以為這是因果報應。

張輝瓚原是魯滌平的舊部，生性殘忍好殺，任何一件案子碰在他手上，不管三七二十一的便是「殺」字當先。當魯滌平主湘時，張以十八師師長兼長沙衛戍司令。其時長沙城內有個綽號劉麻子的女人，神通廣大，手段高明，任何名媛閨秀、豪門少婦，只要你看上了託她玉成，她總有方法使這些女人入彀，供你玩樂。這時長沙駐軍除湘軍外，還有粵軍第四軍許克祥一個師駐在長沙協防。那時的風氣，無論是軍事首長駐防，即使是行政首長或親民之官，公餘之暇，也相率徵歌選色，習為故常，何況有此好去處，自然大家趨之若鶩。就中如民政廳長宋鶴庚、許克祥以及省府高級人員，更是一班獵艷能手，經常流連於劉痲子家，胡天胡帝，盡情歡樂。

這邊需求的愈眾，那邊供應便愈顯神通，劉痲子這時被銅臭薰瞎了眼，在得意忘形之下，竟將張輝瓚的三姨太弄上鈎了，久而久之，外間已有了風聲，張便悄悄帶著衛隊，喬裝改扮成一夥富商模樣，登門造訪劉痲子，託她物色淫娃艷婦，劉問他有無目中美人，張乃指索他自己的三姨太，果不其然，沒到兩個鐘頭，他的艷妾已嬝嬝婷婷走進房來了，四目相投，彼此驚愕。張的驚愕，是驚愕果有此事，帶上了綠頭巾；妾的驚，是驚於醜事敗露，禍機即在眼前。這時張更不打話，只用手一揮，那些同來的商人，一各個如狼似虎，將那淫娃和妖婦押回司令部去了。

劉痲子被捕的消息一經傳開，滿城轟動，尤其是這一文一武的尋芳獵艷慣家宋鶴庚、許克祥二人，對這更為關心，馬上相約奔赴衛戍司令部向張輝瓚討情，誰知這位屠夫更眼明手快，待他兩人來至傳達室，等候通報時，軍法室內已「拍、拍」兩聲，淫娃妖婦已陳屍血泊中了。張輝瓚見了宋、許二人，也不問此來何意，逕引著他們踱到軍法室門口，指問道：「你們二位想係為她們而來？請看……」許、宋至此，再也不好說什麼，只得搭訕著彼此敷衍一陣去了。這是張在長沙的逸聞。

其後，張隨魯赴江西任，那時正是「朱、毛」紅軍漸趨猖獗之際，張又和在長沙一樣，兼任南昌衛戍司令。共產黨地下潛伏份子，遇上了這位屠夫，自然難以倖免，但也有更多的青年學生，無辜牽連，死於非命的，總在千人以上。原因是那時的學生承著北伐時代潮流的激盪，一般「學生運動」極為活躍，中共利用這些無知青年，暗中加以收買，於是「學生運動」分為左右兩派對立，明爭暗鬥，各不相讓，而學生與學生間，由於鬥爭接觸頻繁，稱名道姓，彼此熟知，被張逮捕審訊時，便將平日有著鬥爭仇怨的對方同學，只要能記得起名姓的，便一一各個加以誣攀，指為同路人，於是添枝著葉，任意攀指，有如「瓜蔓抄」故事，一經株連，動輒百數十人。張輝瓚也不再審慎地問個青紅皀白，有名者即予捕殺，一了百了。後來張輝瓚殺得興起，覺得刀砍槍擊還是費事，便更進一步的利用電流來觸殺，裝入麻袋，在黑夜中，一批又一批的用汽軍運至下沙窩那個荒涼地方掩埋了。許多青年學生就這樣不明不白的失了蹤，一時風聲鶴唳，學校變為了枉死城，但因事涉政治犯，學校當局乃至地方人士，即使想仗義執言也不免有所顧忌了。

張輝瓚的濫殺，不但共黨恨之刺骨，即江西人民也無不怨聲載道，後來得知張被殺，人們反而鼓掌稱快，認為是張屠夫應得的果報了。中央對於張的殉職，大為震動，乃一面調集大軍向寧都加以包圍，一面實施農村的清鄉自衛，厲行保甲制度，從政治組織著手，這是後話，暫且擱住。

九、富田事變與瑞金蘇維埃

再說毛澤東對於紅軍兩次攻略長沙、南昌，受到重大損失，在痛定思痛下，便抓住這個機會實行向李立三攻訐，振振有詞的指責李立三為盲動主義冒險家，但李立三在黨內的勢力，異常強大，對於老毛的攻擊，絲毫沒有發生效果，而且相反地遭到李立三的反擊，說老毛把馬克斯主義搬上山，違反了中共中央與第三國際的政策……。同時，更引起了共軍內部一股「反毛擁李」的狂潮，當這狂潮泛濫激盪的時候，幾乎把老毛淹沒了，這便是中共黨史上和紅軍史上一件最重大的「富田事變」。

原來朱、毛紅軍在進攻南昌失敗後，即退據贛江中游的吉安，彭德懷的紅五軍便駐在富田墟，這時老毛既沒有鬥倒李立三，心目中已有說不出的憤恨，更料不到自己辛辛苦苦一手攪起的紅軍，竟有許多幹部是李立三的同路人，以老毛狹隘的胸襟，豈肯容他人鼾睡在臥榻之旁，於是便積極地祕密進行一個整肅運動，準備假借某一罪名，將那些異己份子，來個全部清除。他思前想後，如果明目張膽的提出整肅「擁李」份子的話，不但會落對方以口實，甚至可能引致紅軍中的變亂，於是便展開一次「反A・B團運動」，進行整肅，凡是「反毛擁李」份子，都給他戴上一頂「白帽子」，說他是國民黨的「A・B團」（筆者註：一般被指為共黨的同路人，既說是「戴紅帽子」，這裡自然只好說是戴「白帽子」了），次第加以鬥爭或逮捕，這一來，竟激起了第三軍團彭德懷部軍長劉德超率領全軍隊伍，猝在富田譁變，公開的展開了另一個「反毛擁李」運動，在不安的紅軍軍心中，經這股危疑震撼的狂潮衝激，竟整個動搖了。

老毛萬料不到會有這空前巨變，一時竟倉皇失措，驚駭萬分，「反A・B團運動」既經展開，要收拾一時也收拾不及，幸虧彭德懷和陳毅諸人，以死力出而支持，劍及履及的迅速地將這叛亂鎮壓下去，才算轉危為安，沒有弄到鼎沸魚爛的地步。否則，這位「風流人物」毛澤東，恐早已不免了。這次事變，對於老毛乃至整個中共關係影響極大，那些老幹部至今提起「富田事變」，還有著「談虎色變」之感呢！無奈當時國民黨中只知互相爭權奪利，對於紅軍情況，昏庸聾聵毫無所知，不然的話，趁著紅軍軍心動搖之際，施以軍事、政治雙管齊下的猛攻，「朱毛紅軍」也許早已消滅了。

等到「反毛」狂潮平靜後，老毛便使出「以血洗血」的手段，對李立三的同路人，盡情瘋狂的報復，單在富田這一地區，從軍事幹部到地方幹部，便殺了好幾千人，有些見機的眼見大勢已去，便趕著寫悔過書，藉保性命。毛澤東心知自己的統治權力，經這次事變後，已更進一步的鞏固起來，也就不為已甚，網開一面，在當時僥倖留得了性命，後來飛黃騰達的，像江西省長邵式平便是其中的一個。

毛澤東這場鬥爭獲得了意外的勝利，異己份子全被消除，對紅軍樹立了前所未有的領導權力，漸漸對於黨中央的指示，也不肯輕易聽命，大有尾大不掉之勢。周恩來接任中共中央總書記後，認為必須加強黨中央對蘇維埃運動和紅軍的領導，即派項英到江西蘇區（瑞金）成立中共中央分局，由項英任書記，所有贛、閩兩省蘇區與紅軍的黨務，統由中央分局領導指揮，並籌備成立中華蘇維埃中央政府。與此同時，張國燾也奉命由上海到鄂豫皖蘇區，成立鄂皖豫中央分局，領導該區的蘇維埃運動和紅軍的鬥爭，可是項英能力薄弱，遠不是老奸巨猾的毛澤東的對手，中央分局不但沒有分去老毛的權力，反而受到老毛的支配，從此更名正言順的與中共中央分庭抗禮了。

民國二十年夏，周恩來遵照蘇俄共產國際的命令，將中共中央由上海遷入江西蘇區，蘇區內黨政軍一切大計，自然該取決於中央，於是周恩來便成為黨的最高領導者，老毛只好退居次位了。但蘇俄對於這位「洋政客」的周恩來能否控制那位「土包子」的毛澤東，還不十分放心，接著便派來了一大批留俄學生和久受蘇俄訓練的中共老幹部，如陳紹禹、秦邦憲、張聞天、王稼祥等前來，不久，中共中央總書記，便由秦邦憲接替，陳紹禹也代替了李立三政治局的地位，從此，中共的領導權，便落到留俄派的手中，老毛的權力又遭到剝奪，不能不俯首聽命了。

中共中央為了配合所謂革命運動的發展，便積極籌劃組織「中華蘇維埃中央政府」，籌備召開全國蘇維埃代表大會，並在瑞金縣城西北方面的沙洲壩，建築了一座中央政府大廈。這是國軍攻下井崗山後，朱、毛紅軍轉移到閩贛邊區，占領的新根據地，其範圍是福建的長汀、上杭、永定、連城、龍岩；江西的雩都、興國、瑞金、廣昌、石城、會昌、寧都、贛縣、尋鄔。這些地區，都成了蘇維埃政府，統稱為「中央蘇區」。至於所謂「蘇維埃」，原是百分之百的蘇俄產物，其含義是「工農兵代表會議」的意思。中共當時不用中國的字義，而用「蘇維埃」，充分說明中共本質的奴隸性，和任何共產政權，皆當奉蘇俄為祖國了。

民國二十年十一月一日，中共召開了全國蘇維埃代表大會，舉行了六天的會議，由黨中央政治局指定中央政府委員正副主席和各會局首長，毛澤東被定為主席，張國燾、項英為副主席，朱德為軍事人民委員，項英為勞動人民委員，張鼎丞為土地人民委員，周一粟為內務人民委員，王稼祥為外交人民委員，瞿秋白為教育人民委員，鄧子恢為財務人民委員，張國燾兼司法人民委員，何叔衡為工農檢查委員，鄧發為國家政治保衛局局長。會議完畢後，便於十一月七日正式宣份成立「中華蘇維埃共和國中央政府」，以瑞金為「國都」，上述這批新貴，便於這天進入了新建築的中央政府大廈中，粉墨登場，扮演著活劇了。

十、國共兩軍鬥法捉迷藏

毛澤東與朱德進入井崗山，從星星之火以至於燎原之勢，其間經過了湘、粵、贛省防部隊聯合會剿的凡三次，經過中央調集大軍進行圍剿的先後凡五次。上文所述的張輝瓚師長之死，便是死於第一次圍剿戰役中，張的一生功過是非，這裡且不深論，只就國軍剿共而言，他的「出師未捷身先死」，確是沉重地打擊了國軍的士氣，而且魯滌平也因他的死，和他這一師的整個被消滅，弄得毫無憑藉，終於失去了江西省主席的寶座，而由熊式輝接替了。

第一次圍剿，始於民國十九年冬，雖然調集了中央大軍八個師，但以地理的關係，即派魯滌平就近擔任剿匪總司令，總司令部即設於南昌，張輝瓚又因是魯的親信直屬部隊而兼任前敵總指揮，隨軍進剿。當時參加剿匪的國軍，除張輝瓚的十八師外，計尚有：譚道源、公秉藩、毛炳文、許克祥、劉和鼎、羅霖等八個師，總計兵力約十萬人。

當時紅軍占陷的地區，北起江西黎川、南丰、廣昌、石城、樂安、興國、寧都、雩都、瑞金、會昌，以至福建長汀、上杭等，綿亙了十餘縣之廣，而以瑞金中央蘇區為中心。國軍各圍剿部隊，以師為一縱隊單位，由江西吉安、富田、東固、和福建建寧，分進合擊會於廣昌、龍岡墟之線，將蘇區橫截為二，其兵力分配如下：公秉藩由吉水、吉安進占富田、東固之線為西路；張輝瓚、譚道源進取龍岡、原頭為中路；毛炳文、許克祥進占廣昌、石城為東路；三路取齊後，再由北而南，齊頭並進，以掃盪蘇區紅軍。另由羅霖堵於吉安、泰和之間，以防紅軍渡贛江西岸西竄，劉和鼎進駐福建建寧，以防紅軍向閩省腹部東竄。

紅軍方面，當時只有四萬餘人，分頭迎擊勢不可能，乃採取誘敵深入之策，同時偵知國軍八個師中，以張輝瓚、譚道源兩個師兵力最強，且為中路進攻的主力，若將這一路擊破，其餘不攻自退。乃將原據龍岡、原頭的兵力撤退，隱伏於周圍有利地形的山中。是時，張輝瓚志在急取圖功，不防紅軍誘敵之計，等到一進入龍岡後，朱、毛紅軍以三倍於張的兵力，四面八方向龍岡包圍，猛烈攻擊，自拂曉至黃昏，不到一日夜的激戰，即將十八師擊潰，除在激戰中傷亡四千人外，其餘自師長以下官兵九千餘人，悉數被俘。

譚道源部得悉張輝瓚全師潰滅的消息後，立即後撤，而紅軍已於龍岡得手後，分出一部份兵力，向譚軍追擊，譚師在撤退中，亦略有部份損失，其餘東西兩路國軍，也因中路潰敗而紛紛後撤。是役計自民國十九年十二月二十七日起，至次年一月一日止，前後僅有五天，國軍對朱、毛紅軍第一次圍剿計劃，在全部失利的狀態下乃宣告結束。

中央鑑於第一次圍剿計劃失敗，全師被殲，隨即決定進行第二次圍剿計劃，特派何應欽為剿匪總司令，除原來進剿的七個師的兵力外，並增調第五路軍王金玉部全部兵力，計王金玉師、郭宗華師、郝夢麟師，連同原來的公秉藩師共四師兵力。其次是調二十六路軍孫連仲部三個師。再次是第八路軍朱紹良部，也移駐江西參加圍剿（該路所轄毛炳文、許克祥兩師，原已調至江西參加第一次圍剿），全部兵力，不下二十萬人。只是由於第一次圍剿的失敗，這次便不能不採取審慎步驟，步步為營，逐漸推進，計劃將朱、毛紅軍緊縮包圍於寧都、興國、雩都之間，一鼓而殲滅之。其兵力部署及趨向，仍是由北而南，分東西中三路進剿。

東路方面，由原第八路軍朱紹良擔任，率毛炳文、許克祥兩個師，集結南豐一線。

中路方面，以第二十六路軍孫連仲擔任，率董振堂、趙博生兩個師，集結於宜黃一線。

西路方面，由第五路軍王金玉擔任，以王金玉自領的一個師，及郭宗華、郝夢麟、公秉藩等，另有蔡廷鍇，共計五個師，集結於吉安、永豐之間一線。

此外，福建方面，劉和鼎師仍進駐建寧；湖南方面，何鍵部兩個師，進駐攸縣、耒陽一線；粵軍方面，亦派有兩個師進駐南雄、大庾一線，以遙為犄角。

各路兵力部署定妥後，乃於民國二十年五月中旬開始向紅軍蘇區推進。哪知第二十六路孫連仲部和第五路王金玉部兩路軍，均係由華北調來的西北軍，既不服南方水土，更不慣山地戰，士氣低落，毫無作戰決心，而王金玉雖擁有直屬部隊四個師，但在戰鬥力方面卻是最弱的一路，朱、毛紅軍選取了這路目標，集中兵力，先予王金玉部以猛烈的迎擊。當王金玉、公秉藩兩個師進至富田時，本來西面數十里處有蔡廷鍇師，東面有郭宗華師，紅軍以中央突破的戰術迎擊，實處於左右側背均受來擊的不利情勢之下，但因國軍對紅軍情況不明，兼之彼此相互間，又不能協同配合，直有如聾瞎行軍，各自為戰。同時，這些地區赤化已久，地方民眾都組成赤衛隊，在紅軍和蘇區幹部挾持指使下，偵察國軍的消息，隱祕紅軍的行動，在在都為紅軍所用，結果在短短半個月內，西路王金玉部和中路孫連仲部，已先後遭到各個擊破的命運了，其中損失最重的，便是王金玉、公秉藩兩個師，幾乎潰不成軍了。

二次圍剿失敗的消息傳至南京後，中央大為震動，蔣先生乃決定以國府主席的身份，親自赴贛督剿，自任為湘、鄂、贛、閩、浙、皖、豫七省剿匪總司令，駐節南昌，並先後成立武漢行營，南昌行營，以何應欽為剿匪軍前敵總司令，朱紹良為左翼集團軍總司令官，陳銘樞為右翼集團軍總司令官。同時，又設立行營黨政委員會，所有剿匪地區的黨務，經中央常會決議悉委由蔣先生負責權宜處理。

這時江西省政府主席，在江西地方人士「贛人主贛」的一致要求下，已由熊式輝氏繼任。南昌行營成立後，即以楊永泰任祕書長，熊式輝兼任參謀長，輔助蔣先生處理一切有關剿共的軍政大計，熊氏以名位太高、權責太重，恐招致外間的嫉忌，堅決辭去參謀長職位，乃改任南昌行營辦公廳主任之職，仍負責軍事策劃事宜，因此，名義雖然改了，而主持的工作則仍屬軍務。此外，行營之下，先後設有第一、二、三廳、黨政委員會、設計委員會、政治訓練處、軍法處、以及待從室等。行營設在南昌百花洲，蔣先生即駐節於百花洲圖書館（即行營內）。

行營這一組織，相當龐大，各單位人事，就現在記憶所及的，除楊、熊分任祕書長、辦公廳主任而外，尚有第三廳廳長賀國光、政治訓練處長周佛海（後來軍事委員會成立，周升總政治部主任，由賀衷寒接替）、設計委員會陳布雷、徐慶譽。而侍從室所包括的單位和人員更是包羅萬象，內設四組：第一組警衛、第二組祕書、第三組調查紀錄、第四組總務，另附設有侍從參謀二十餘人，最初侍從室主任為林蔚文，後經改組，由陳布雷擔任主任，下設兩處轄五組，而將調查紀錄組劃出，另成立調查統計科，由侍從祕書鄧文儀擔任。第一處設第一、二、三組，分任總務、參謀、警衛三項工作；第二處設第四、五組，分任祕書和研究工作。

進剿的部隊，除一二兩次圍剿中所調集孫連仲、朱紹良、王金玉等所部的兵力外，另增調主力軍，有陳誠、羅卓英、蔣鼎文、衛立煌、趙觀濤、上官雲相、蔣光鼐、韓德勤等各軍、師，總計兵力三十萬以上，這時南昌真是冠蓋塞途，大軍雲集，畸形熱鬧起來。

蔣先生抵達南昌後，即召集各將領舉行剿共軍事會議，策定第三次進行圍剿軍事計劃，一面發表告〈湘、鄂、贛、閩、皖、豫六省將士、縣長、及黨務人員書〉，指示剿共意思與任務，對於剿共將領實行「連坐法」，和赤區縣長棄城者，一律以軍法從事。至於軍事部署，仍分三路進剿：中路軍總司令何應欽，出宜黃之線？右翼軍總司令陳銘樞，出吉安之線？左翼軍總司令朱紹良，出南豐之線。三路大軍，由東北向西南，長驅直入，預擬將朱、毛紅軍，逼至贛江東岸邊，一舉而聚殲之。

這時紅軍經過兩次圍剿，艱苦激戰，官兵傷亡也自不少，且紅軍全部不過四萬人，抵禦三十萬大軍，自然不敢迎頭正面接戰，只好運用紅軍一貫的流竄游擊戰術，避實就虛，捨堅攻弱之一途。是年七月一日各路國軍部署已定，即下令前軍向蘇區總攻；紅軍的主力，是時已集結在興國，以避國軍的主力，並決定由興國竄經萬安，轉趨吉安富田，予以一點突破的猛力攻擊，這一行蹤飄忽的急趨疾進，已為陳誠、羅卓英兩師偵悉，乃星夜由吉安以急行軍趕至富田（吉安距富田六十餘華里），以躡紅軍之後。是時，紅軍前後受敵，又正在行進中，倘一接觸，必致全軍覆沒，情勢危殆，間不容髮，幸而朱德、彭德懷是久經戰陣的游擊慣家，一見情勢不利，立即中途改計，從空隙地帶急急撤回到興國的縣城西部高興墟集結。

次日，紅軍復由興國東部向永豐縣南的良村，寧都縣北的黃陂突進，當晚偷過了蔣鼎文、蔡廷鍇、韓德勤各部間四十華里的空隙地帶，第二天即與上官雲相部接觸，激戰了一晝夜，由於敵眾我寡，上官部終於敗退。第三天又與郝夢麟師接戰，上官部於匆匆收集整頓後，立即加入戰鬥。

唯因紅軍兵力仍比我強，無法擊潰或將敵吸住，是時紅軍沿途得了兩次小勝，亦不肯戀戰，戰至午夜，突然脫出戰場，但不向來路後撤，卻由西而東，穿過國軍後方聯絡線橫掃過去，使國軍主力深入蘇區，而置於無用武之地。紅軍經三日的行軍，已掩至黃陂毛炳文師背後，毛部驟不及防，亦受到一場損失。

連日來由於紅軍之飄忽無定，神出鬼沒，有如狡猾的狐狸，眩惑得國軍無法捉摸，直至黃陂，國軍始發覺紅軍主力所在，正趨向南，於是西進的國軍主力，立即折回向東以黃陂為目標，取大包圍的態勢，分路併進，尋找紅軍的主力與之決戰，可是，等到各路國軍逼近黃陂時，紅軍又穿過蔣、蔡、韓和陳、羅兩軍間的山區空隙走廊，竄回興國縣境中，黃陂的紅軍已無影無蹤了，這一來，直氣得國軍將領大跳起來。

十一、調集大軍展開圍剿戰

紅軍在這狡獪閃躲的行動中，使到國軍如「捉迷藏」，蒙著了雙眼到處摸索去尋找對象，卻被對方捉弄得團團轉，造成紅軍游擊戰中一幕最精彩的表演。事實上造成這幕的主要原因，還是由於國軍彼此間不能做到緊密合作、協同作戰，否則紅軍再如何狡獪，在眾寡懸殊之下，也難以施展其伎倆了。

再說紅軍由黃陂第二次東竄，經宜黃、南丰、橫穿過國軍後防聯絡線二、三百里，等到前線的部隊再回頭時，紅軍已趨至南城城下，拚命猛撲，這時蔣主席正在南昌，深恐南城一破，浙、閩兩省更將糜爛，乃急急趕到南城坐鎮堵剿，一時軍心大振，紅軍在幾次猛撲不下，便又回竄廣昌，另一部份主力則退回興國、寧都。蔣即命令胡祖玉、衛立煌兩個師啣尾急追，猛攻廣昌，雙方戰鬥進行極為激烈，結果，廣昌攻下了，但胡祖玉卻在激戰中負傷，旋且因傷重斃命，成為江西剿共戰役中犧牲的第二個師長。

且說此時蔣主席見贛東戰局已趨穩定，乃由南城退駐撫州，一面嚴令中路總司令何應欽，右翼集團軍總司令陳銘樞，分向寧都、興國及吉安之東固作總攻擊，遂於七月中下旬，先後克復紅軍的老巢寧都和吉安的東固，八月四日再收復興國，十二日又攻克雩都，紅軍連失這幾個盤據已久的重要據點，軍心大受打擊，乃退集瑞金，並舉行一次重要的軍事會議，在會議中，毛澤東主張仍退回湘、贛邊區，以井崗山為據點，依山扼險來固守。周恩來認為把中央蘇區再搬回山去，實為不智，堅決主張：以一部份主力固守「赤都」瑞金，另一部分主力進竄福建去拓展蘇區，結果，周恩來的主張勝利了。這時蔣主席見前線軍事進剿漸趨順利，下令各路大軍進圍瑞金併力總攻，終於九月九日由陳誠所率的十八軍將瑞金攻下。於是這幕短暫的「中華蘇維埃共和國」魔術戲，至此遂告撇場了。

本來國軍以二、三十萬剿共大軍，乘著戰勝的餘威，對那股殘敗的紅軍，儘可追奔逐北，一鼓盪平，無如國民黨內部二、三其德，此奪彼爭，剿共軍事正在勝利的中途，兩廣的事件便突告發生了，最高當局為了兼籌並顧，不能不就近抽調一部份正在前線剿共的兵力分駐湖南，以防粵、桂兩路的進窺。緊接兩廣事件之後，日本軍閥藉口「中村事件」，又發動了「九一八」事變，攻占瀋陽，企圖席捲東三省，軍民憤慨激動，舉國輿論騷然，蔣乃亟亟回京主持，一面分調大軍北上佈防，於是，第三次的軍事圍剿行動，至此無形告停頓了。

善於利用機會的中共，立即發動了一個全面的政治攻勢，號召全國聯合抗日救國，煽動所謂民主人士和北平、上海、南京各大都市學生，激昂慷慨請願抗日，將朝野的剿共視線，移作對日作戰；一方面企求政治上、軍事上的解圍，一方面坐收漁人之利，來壯大自己。這一重大陰謀，包括政治、軍事兩方面，當時中共的策略內容如下：

政治方面：

一、把握聯合各黨各派一致抗日救國的藉口，爭取中共的合法地位和公開活動，從抗戰過程中，竭盡一切可能來壯大自己。

二、發動全國各地的中共祕密組織、以及其同路人，利用各階層人民，尤其是所謂各黨派民主人士、工人和學生的反日情緒，展開全國各城市的抗日救國組織和號召，督促國民政府實行對日作戰。

三、掌握全國各地的抗日救國組織，取得其領導地位，以實現抗日行動與主張。

軍事方面：

一、以抗日為號召，發動蘇區工人農民參軍，以充實紅軍力量，擴大中共組織。

二、蘇區紅軍立即集中採取行動，以「打通抗日之路」為口號，實行攻擊大城市。

三、提出「中國人不打中國人」的口號，來爭取國軍好感，從而進行煽動與滲透，並挑撥中央與地方間，中央軍與別系部隊間的情感，造成「非蔣下野，無以對日」的局勢。

果然，中共這兩項陰謀策略，不久便發生了神驗的效果，不但第三次圍剿計劃停止了，同時，蔣也被迫於是年十二月下野，中央政局人事整個調動，由好好先生林森任國府主席，汪兆銘任行政院長。接著又發生了「一二八」淞滬之戰，中共乘此機會更加復活猖獗起來，擴大了湘、贛粵閩的「蘇區」，並策動豫鄂皖區、鄂中區、鄂西區與鄂南區的徐向前、張國燾部、賀龍部等，互相策應，採取包圍武漢的態勢，一時人心惶惶，社會騷動，於是，蔣先生在面臨這內憂外患雙重危機下，遂又宣告復職，成立軍事委員會，統轄指揮全國海陸空三軍，由蔣任委員長。當時中央決定的政策，是攘外必先安內，一面整軍經武，安定內部，再謀對日，由蔣負責；一面以外交途徑，謀求對日的暫時妥協，以謀安內的時間，由汪負責；林森則為象徵式的元首，備位緩衝，拱成畫諾而已。

十二、孫連仲部戲劇化叛變

從民國二十年十二月至二十一年元月這一段時期，國軍對於剿共軍事雖告停頓，可是中共一面高唱「抗日救國」的口號，一面卻依然進行他們既定的陰謀詭計，其間曾發生了兩件大事：一件是紅軍彭德懷進攻贛州，在損兵折將中被俘去了一個師長，另一件是中共滲透了國軍第二十六路孫連仲部，策動了國軍兩萬人叛變，這兩件事雖發生於第三次圍剿告停之後，卻算是兩個具有重大關鍵的插曲。

孫連仲原是西北軍馮玉祥的部隊，在民國十九年「馮閻變亂」失敗後，馮玉祥下野，孫連仲便輸誠中央，為國效力。次年夏全部奉調開赴江西參加剿共之役，配屬於中路宜黃之線，歸何應欽指揮，全部共三個師一個旅兵力，官兵約五萬人，驟馬極多，由於該部是清一色的北方人，平常只慣於平原作戰，這次調到南方，時值炎夏，不服水土，死亡疾病的很多，對於崎嶇險阻的山地戰，更視為畏途。同時又因為裝備與待遇上，和中央嫡系部隊也有著差別，因此，該部官兵發生極大的反感，怨望畏懼的心理，瀰漫軍中，中共便乘此機會極力向該部滲透，首先成為中共收買目標的便是二十六路總指揮部參謀長趙博生，其次是師長董振堂，最後，又由趙、董二人說動了警衛旅旅長季振同，經過了幾番密商後，遂決定於民國二十一年元旦之夕，實行叛變投共。

這時孫連仲正已去了南京，所有總指揮的職務，交由參謀長趙博生代行，到了新年元旦這天，全體官兵團拜之後，便由趙博生以元旦聚餐為名，邀請全軍團長以上軍官飲宴，參加宴會的人，除了趙博生、董振堂、季振同三人外，其餘全被蒙在鼓裡，誰也沒想到這是「鴻門宴」，要將大家一同拖下水，做出那反叛的勾當來。趙博生因為心懷鬼胎，特別殷勤勸酒，大家見參謀長如此高興，也就放開酒量，轟雷痛飲。正當大家飲到醉眼矇矓之際，董振堂與季振同便偷偷地溜出營去，集合他們一師一旅的全體官兵，監視著全軍部隊，隨即由趙博生宣布了一個爆炸式的命令，決定全體共同行動參加紅軍革命，大家如有不願意的，無論官兵，看在多年袍澤分上，儘可放下武器，自由離去。這時那些高級軍官，既已陷身圈套中，醉眼惺忪，六神無主，同時孫總指揮又不在營中，要想反抗更是凶多吉少，只得糊糊塗塗跟著大家行動，於是，全體官兵二萬餘人，經這一幕戲劇化的叛變，在紅四軍接應之下，由宜黃防地開赴寧都，投向紅軍去了。

紅軍驟然得到這份意外的力量，不但壯大了紅軍的聲勢，而且嚴重地打擊了國軍的士氣，為之歡喜欲狂，一面亟亟加以整理和改編，並舉行歡迎大會；一面又發動蘇區民眾勞軍運動，將這二萬餘人，改編為第五軍團，下轄十三、十四兩軍，由季振同任總指揮，趙博生任參謀長兼第十三軍軍長，董振堂任十四軍軍長，此外，又派留俄的蕭勁光任該軍團政治委員，劉伯堅為政治部主任，以確實控制這部隊，並徹底進行思想教育。後來在國軍第四、五次圍剿中，季振同於軟禁後而下落不明，趙博生則在國軍進攻寧都時戰死，事後中共為了紀念他，曾將寧都改為博生縣。至於政治部主任劉伯堅，後來也在紅軍突圍西竄途中，為粵軍俘擄而被殺了，這是後話暫且擱住。

再說彭德懷的紅五軍進攻贛州之役，成為紅軍攻堅戰的第二次考驗，但考驗的結果，彭德懷幾乎全軍盡沒了。其時，正當「一二八」淞滬抗戰達到高潮，在贛的剿共軍隊，有的集中南昌待命，有的已調赴上海，贛州的守軍僅有滇軍馬昆一旅人，雖然武器配備並不強，但官兵間以及駐軍與當地民團間，情感非常融洽，彭德懷卻錯估了這匹「滇馬」的能耐，當他在討論攻掠贛州的軍事會議席上，曾經輕蔑地誇下海口，說在一星期內攻下贛州。同時，在討論戰略部署時，會議席上也發生過爭論，國際派與周恩來諸人，一致認為日軍的侵華，造成了中國共產黨面臨著兩條抉擇的道路：一條是革命的勝利的道路，尋取國軍攻擊；要不然便是失敗的殖民地道路。因此，在戰略上反對毛澤東藏頭縮尾的運動戰、游擊戰，主張陣地戰、攻城戰，積極方面要找敵人打，消極方面，要禦敵於門外。毛澤東則仍堅持過去一貫的主張，採取持久戰、游擊戰，避免陣地戰，不打無把握的仗，要打就要集中三倍至五倍以上的兵力，徹底消滅敵人等一類的老調。結果，還是決定進攻贛州，老毛的意見，被國際派所否決了。

彭德懷以第三軍團總指揮，率領著他所掌握的第五軍和第七軍為主力，直接進攻贛州縣城，由第四軍分出兩股兵力，一股進占南康，截斷粵軍援贛的通路；另一股進占贛州縣北，阻截由吉安南昌來援之敵。可是，贛州為贛南重鎮，位於贛江西岸，東西北三面臨水，城下有深廣的護城河，天然的形勢，易守難攻。同時，贛州城牆係由王陽明於平定宸濠亂後，駐守贛州多年，將城牆重加修築，厚約四十尺，堅固異常，紅軍既無攻堅武器，自難越雷池一步。駐城的守軍三個團，日夜固守城牆，彭德懷用盡種種方法攻打了六、七天，竟絲毫不能撼動，急得無法，只好改用一套招降的政治攻勢，印刷許多小傳單，用弓箭射進城內去，一面組織宣傳隊，日夜在城邊高聲叫喊，希望守軍與紅軍「合作抗日」，這些法寶都用盡了，城上依然是刁斗森嚴，毫不為動。

後來一打聽，得知馬昆是雲南講武堂出身，和紅軍第十二軍軍長羅炳輝為同期同班的同學，而且還是雲南老鄉，羅炳輝在未叛離國軍以前，彼此情感很好，時相過從。於是，電請羅炳輝由福建長汀蘇區趕到贛州城下，親自寫了幾十封信，勸誘馬昆，並約他到城頭談話，老彭雖然這樣千方百計，結果，仍歸無效。半個月的時間已過去了，可是駐在吉安一線的國軍陳誠部的十一師和羅卓英的十四師，這時已分路馳赴贛州增援，十四師由正面沿贛江而上，制壓紅四軍在沙地的警戒部隊，十一師由遂川繞過沙溪直抵贛州，於深夜架設浮橋進城，次日晚間，十四師已進抵城外，乃於是晚午夜後，陳誠指揮著兩個師，展開了裡應外合的猛烈夾擊，直至攻進紅軍營中，彭德懷才從睡夢中倉皇逃遁，結果，紅五軍一敗塗地，在落荒中，彭德懷部的一個師長被俘了。這是紅軍在三次圍剿中，第一個師長的被俘，也總算替國軍方面的師長張輝瓚報了仇。

二十六路軍趙博生等的叛變，孫連仲卻受到連帶的革職留任、戴罪圖功的嚴厲處分，也阻延了國軍第四次的圍剿軍事的進行，直至是年五月與日本簽訂臨時協定後，才又積極準備第四次的圍剿計劃，但鑑於三次失敗的教訓，認為必須改變政略、戰略，非全面動員不可，於是，決定標本兼施的「三分軍事，七分政治」的策略，本用政治，標用兜剿，實行全面總動員起來：

一、以往沒有民眾基層組織，和政治攻勢，致蘇區人民不為我軍所用。於是雷厲風行，嚴密健全各縣的保甲組織，實行五戶聯保，一家為匪或通匪，其餘四家連坐。

二、蘇區地帶多屬山區，交通梗阻，軍事行動及運輸補給均感困難。嚴令湘鄂贛浙閩粵皖七省，限期完成十一條公路幹線，並隨軍事進展繼續延伸，以利軍事運輸。

三、實行碉堡群戰略，除沿公路線每五里建築一碉堡外，其餘各縣每十里建碉堡一座，至於蘇區或毘連地帶，則隨軍事進展逐步構築，築成之後，派少數兵力扼守，大軍再續前進，「步步為營，節節推進」。

四、嚴密封鎖蘇區，斷絕紅軍一切物資來源，作持久的困擾。

五、組織隨軍政治工作隊，發動各級黨務人員，隨進剿軍行動，負責宣傳、情報、策反，及撫導民眾、組織鄉村保甲等四大任務。

此外，軍事方面，重新組設軍事委員會委員長南昌行營，督剿各省紅軍，並劃定清剿區域。

一、以何應欽為贛粵閩三省剿匪總司令，劉峙、何成濬等分任總指揮。由東、北兩面進攻，一面鞏固福建的建寧、寧北、清流、連城各縣之線；一面鞏固江西的黎川、南城、宜黃、樂安、永豐、吉水、吉安、泰和、萬安各縣之線。

二、以廣東陳濟棠部第一軍余漢謀，第三軍李揚敬，由西南面進攻，鞏固贛縣、信豐、安遠、尋鄔、武平等縣之線，最後合圍於「赤都」瑞金。

三、決定先行肅清豫鄂皖三省蘇區紅軍著手派衛立煌為豫鄂皖震剿匪總司令，以清剿豫鄂皖區徐向前、張國燾部。

四、派徐源泉為洪湖區剿匪總司令。

十三、南昌艷窟的血案內幕

是年六月十八日，蔣委員長以最高統帥的身份，召集了湘、贛、豫、鄂、皖五省清剿會議於廬山牯嶺，並宣布了上述各項決策和命令。會議閉幕後，蔣便再臨南昌坐鎮指揮，南昌行營以楊永泰為祕書長，熊式輝為辦公廳主任，分掌政治、軍事。此外奉調奉召而來的中央文武大員，如何應欽、顧祝同、劉峙、何成濬、張難先、陳調元、陳果夫、邵力子、周佛海、陳布雷、吳醒亞、樊崧甫、賀國光、錢大鈞、孫連仲、蔣鼎文等不下百數十人，真是冠蓋相望，將軍雲集，前方的軍事固然緊急，後方的南昌也頓形繁榮熱鬧起來。就中最顯著最熱鬧的，莫過於酒樓旅邸，妓院娼寮。因為南昌各機關的人員，以及前方歸來的將士，為了精神上與生理上的需要，一旦到了後方，都不免要輕鬆調劑一下。

本來江西的妓院，分本幫和揚幫，「本幫」指江西土生而言，「揚幫」便是揚州的妓女，這兩幫妓女，遍佈於景德鎮，樟樹鎮、吳城鎮、以至於九江、吉安，贛州等大小城市，這時由於政治，軍事重心移在南昌，因此，也就紛紛麕集南昌來湊這番熱鬧。每當日落黃昏，華燈初上，便是車水馬龍，熙來攘往，而酒樓妓院中，更是豪竹哀絲，燈紅酒綠，將那些兵荒馬亂的低沉氣氛，已是九霄雲外。尋花問柳的行徑，在一般普通人員言，當然很少有人注意，但就許多文武高級人員而言，終覺得出入踫步，有礙關防，未便明目張膽的章台去馬、桃源問津。於是張太太的招蜂引蝶，金屋藏嬌的台基，便應運而興了。

張太太不知何許人，亦不詳悉她的身世，據傳她是一位紹興師爺的遺孀，寄寓南昌多年，讀書雖然不多，而談吐卻極溫婉典雅，儀態風度儼然是一位貴婦人，如果初見不經介紹的話，誰也不相信她竟是一個專門幹那蜂媒蝶使的壞女人了。她寓居南昌市內妓院最多的包家巷，租賃著一所高大的院宅，雖是舊式的民房，但重門疊戶，迴廊曲檻，大小都有二、三十間，簾幕深垂，洞房幽邃，儼然一所大公館的排場，如非識途老馬，誰也不敢輕叩這「侯門」，正宅前面有個大院落，後面另有一幢三開間，便是張太太起居之所。

張太太公館裡，平日並沒蓄有專供薦枕的任何佳麗，但如果有人來光顧，儘可予取予求，燕瘦環肥，悉聽尊便，只須事前約定，看你的胃口中意那一類人物。她手邊有的是大家閨秀，富商姬妾，或是女學生，手段通天，屆時總能替你物色到你所滿意的為止。此外，她還有一套特殊的本領，如果你有「一廂情願」的意中人，而又無法接近，只要你指出那個意中人的住址，或者說明誰家眷屬，她在三、五天，以至十天半月內，她遲早會替你成就那段孽緣，如願以償。即使你所指定的是個謹守閨訓的女性，她也總會想方設法替你勾引到手。

張公館裡蓄有年輕活潑的女侍應，男工人和廚司，大概總有三、四十人，侍候周到，供應豪華，每個女侍應負責打理一個房間，除了侍候客人的茶菸外，還可陪你燒大煙，一榻橫陳，吞雲吐霧，並頭呢語，調情浪謔，談笑風生，直陪到你的意中人來了，她才避開到室外，隨時聽候你的呼喚。那廚司則專門負責供應大爺們的酒食，無論你要大請客也好，或者是小酌也好，只需吩咐一聲，女侍應便傳話出來：「第×號要幾席酒，要什麼菜，……」不久，那山珍海味，便紛然雜陳了。至於那些打雜的男工，便是專門供給奔走，替你送客單請帖的。因此，這個張公館不啻是愛慾海、溫柔鄉，也不知沉埋了多少男女了！

由於張太太的別出心裁，獨具風格，只要一進入了張公館的門，凡是你要享受的菸、賭、女人、無不應有盡有。同時，在張公館出入的人，既不礙於觀瞻，又可適其所適，自然成為那些文武大員們公餘之暇的安樂窩，最初來到張公館的是樊崧甫、周佛海、吳醒亞諸人，漸漸的陳調元、邵力子、顧祝同、賀國光、劉峙、乃至孫連仲等，也都紛至沓來，把這裡當成他們的俱樂部，或臨時公館了。這樣個紙醉金迷的所在，除了瞞著蔣先生一個人外，幾乎是公開的祕密。於是每到日落黃昏，這班大老爺退了值，便可看到包家巷口，汽車、黃包車擺成長龍，門庭若市，賓至如歸，閒雜人等也休想通過了。原因是，這時已由張太太雇有保鑣和招待，站立門前和巷口，以免意外。如係熟客，則由招待引導進去，如係初次問津，必須隨同其間的熟客偕往，否則便只好作門外漢了。

時日既久，自然通市皆知，張太太又是個善於肆應、包羅萬象的人，因此其中所接納的，除了行營一班的要人們外，至於豪商巨賈，以及前方將領，同樣是一體歡迎，來者不拒，好在她家的房間多的是，即使不是同路人，也不愁狹路相逢，尹邢避面。由於有求必應，方便之門大開，又有行營中要員們作靠山，呼風喚雨，敢作敢為，於是，她便由張太太一躍而為「女總司令」，成為要人中的要人。讀者請勿誤會，所謂「女總司令」，並不是真的由她去帶兵剿共，而是說她手下所掌握的娘子軍，已到了總司令的資格，因此，出入張公館的個中人，便替她取一個「總司令」的渾號。可是樹大招風，名高身累，從來政海宦途尚且如此，何況她這男盜女娼的勾當，自然人人側目。也是天道好還，報應不爽，不久，她便遇上了冤孽債。

原來在那些豪商巨賈中，有一家「崧大百貨公司」的老闆魏某，經友人一度邀作逢場之戲後，覺得此中大有佳趣，從此便成為「總司令」的長期狎客。魏老闆年已四十左右，除已有了正室的夫人外，又有一個如花似玉的如夫人，同時還有一個玲瓏剔透待字閨中的妹妹，她們兩人出入必俱儼然姐妹，年都花訊，正是開到十分，見者莫不視為一對解語花。誰知正當魏老闆出入於張公館紙醉金迷之時，也恰時是這對姊妹花被誘入屠門之日。一次，因為前方軍情緊急，經常出入張公館的高級要員，全都忙著開會，原來準備好了的一切供應，白費到也罷了，只是那些被暗中約來的粉墨黛綠的麗人，來既不易，自不想讓她們敗興而歸。這時魏老闆原約定的老情人，又恰恰因事未到，於是張太太笑嬈嬉地對著魏老闆道：「你的意中人既久候不來，我來替你物色一、二個最美麗的陪陪你……」魏老闆覺得一人躺在煙榻上獃著，實在有點感到寂寞，也就隨口答應了。誰知過了不久，門簾啟處，進來的兩個並非別人，正是他的姨太太和妹妹，魏老闆躺在床上還以為沒有看清，等到一骨碌坐起來看時，卻哪裡有錯，這時魏老闆的驚愕和姑嫂兩人的驚惶羞愧，一時都怔怔地講不出話來，過了一會，魏老闆才輕輕說了一聲：「你們先回去吧！」隨著也悄悄的走了。

這一幕驚險尷尬的場面，張太太因為忙著應付其他的客人，絲毫沒有覺得魏老闆的獵野鶩，竟然獵到家雞了。張太太的罪惡雖已告敗露，但魏老闆竟是一介商人，又怵於張太太的後台勢力，雖然中篝之羞，忿恨交織，卻也不敢輕捋虎鬚，只好自認晦氣，然而天網恢恢，這位無惡不作的張太太終於碰上另一個死對頭了。這個死對頭便是三十旅的劉旅長（姑隱其名）。劉因新婚不久，便須趕到前線——廣昌作戰，便將夫人安頓寄寓南昌。劉夫人本是錢塘蘇小的鄉親，明眸善睞，獨擅風情，不知如何的竟也被張太太收在幕中，數月之後，劉旅長雖身在前線，而心繫閨中，前方戰事一鬆，他便告假回到南昌省視愛妻，新婚久別，自不待言。然而劉旅長原是個風流將軍，過了幾天，便又不免要去尋花問柳，聽說張太太公館別饒異味，便也偷偷的去問津一番。由於他是初客，無老戶頭，選瘦挑肥，都難當意，終於在選來選去之下，竟也遇上了自己的夫人，劉旅長妒火中燒，想掏手槍又沒有帶在身邊，一連幾個耳光打向夫人臉上，便一怒走了。他一面走，一面悲痛，覺得自己在前方拚命，連一個新婚的太太，還被這惡魔勾引糟蹋，實在太不值得，第二天，便跑到行營，面謁蔣先生，痛哭流涕的據實哭訴，蔣先生聽了當堂赫然震怒，馬上找著鄧文儀將這件任務交給他嚴辦，一面又安慰劉旅長一番，叫他好好的休息，聽候發落。

這時鄧文儀剛由侍從祕書調兼南昌行營調查科，也就是軍事委員會調查統計局的前身，一方面是蔣先生的面諭，一方面是新官到任要顯點顏色，於是便祕密派了幾個行動人員，喬裝狎客，混進張太太的公館去。這天晚上十一點鐘，正是艷窟中人客最多的時候，那位女總司令正為著調兵遣將，送往迎來忙得不亦樂乎，突然有兩個彪形大漢跑到她的跟前，問她：你是否張太太？她剛一點頭，正想回問什麼事，話未出口，便砰然一聲，女總司令倒地了。這時其他房的裡許多狎客（還有幾位南昌行營的大員在內），都紛紛的跑出來問，才知道發生了血案，張太太已被人暗殺，兇手早已不知去向了。

第二天，這件「艷窟血案」的新聞，不但全城皆知，漸漸華中各省也都傳遍了。蔣先生、劉旅長、鄧文儀等一些有關的人，心下都已明白，唯有當晚在張公館幾位要人始終莫名其妙，不知這事已通了天，還口口聲聲堅持緝兇歸案法辦。另外又有一部份張公館的老狎客，紛紛不平地的替苦主出頭，向南昌行營和江西省府控訴，終於蔣先生將這件血案批交江西省政府主席熊式輝去辦，熊主席最初也覺得這件血案重大，出動了大批的憲警多方偵查，後來得知了內幕，便也照例的將這案件移送司法機關偵辦，偵來偵去，終於認為「崧大百貨公司」的魏老闆嫌疑重大，便糊裡糊塗的將他捉將官裡去。在偵訊中，全城轟動，法庭上的旁聽席，簡直無法容納，於是魏老闆乃將他如何出入張公館，如何發覺妾、妹被引誘各情一一供認出來，但始終不承認有謀殺張太太情事。後來終因犯罪證據不足而被釋放，可是冤枉監獄已坐上近一年了。從此以後，南昌的祕密艷窟便告絕跡，這不能不歸功於鄧文儀的傑作。

此外，行營內部也發生了一次因禍得福的喜劇，那便是南昌行營一位上尉書記，因請假回籍結婚，幾乎被執行槍決的驚險趣事，其經過情形如下：

當時由於紅軍勢力猖獗，到處竄擾，各地縣長不能盡忠職守，一見紅軍有來攻消息，便聞風而走，刁滑的便事前藉故請假，有的甚至棄職潛逃，縣城既無主宰，紅軍還沒有到已先自亂了。蔣先生為了整飭這一頹風，乃於廬山舉行清剿會議時，特別嚴令各省縣長，守土有責，不得擅離職守，或藉故請假，應與城共存亡，否則，一律以軍法從事，決不姑寬，一時各地縣長懍懍戒懼，誰也不敢冒這軍法從事的危險，輕易請假了。

不料行營裡有位上尉書記李鎮群，適在這時接到家書催他請假回籍完婚，本來男婚女嫁，乃是人倫大端，於是李上尉在興奮的情緒下，便寫了一紙請假簽呈，由科長遞呈上去，一面摒擋行裝，靜候榮歸故里，完成終身大事。本來像這類小職員的短期婚假，原不必經過蔣先生，只要由辦公廳主任或祕書長便可批准的。也是合該有事，這紙請假簽呈，不知如何竟夾入重要卷宗裡面一直送到蔣先生案上去了。這時蔣先生正是日理萬機，政治軍事，處處感到棘手之際，他一見「請假」字樣，也不暇細閱，以為定是外縣縣長畏事請假，心理上既然有此成見，便不假思索，提取筆來批了個「槍決」，假條批覆下來，李上尉正是歸心似箭以熱切的心情期待看，準備假條一到手便束裝啟程了，那知展開一看，頓時驚駭得面無人色，可是事到生死關頭，只好硬著頭皮，帶了假條逕到辦公廳主任熊式輝面前，哭喪著臉申訴這事原委，熊聽了也不禁愕然一怔，他呆呆的想了一下，便笑吟吟的安慰著李上尉道：「這事可能是委座公事忙，錯認為縣長請假，因此才批上這『槍決』兩字，你千萬不要聲張，照常辦公，聽後我的答覆好了！」李上尉只得唯唯而退，坐在辦公室中，也不知是凶是吉，直有如熱鍋上的螞蟻，不知如何是好。

到了第二天，熊藉著他事晉見蔣先生時，便乘間陳述道：「委座日理萬機，每一案牘必親自批閱，究竟一個人的精力有限，尤其統籌政治、軍事大計，更需要充分考慮的時間，否則恐不免因小而失大了……」蔣先生聽他話中有因，忙問這話究何所指，熊乃袖出李上尉的假條，請示道：「上尉書記李鎮群因請婚假，委座竟批了『槍決』二字，我想這一定是筆誤？」蔣聽了熊的陳述，也不覺笑起來，忙將假條上的原批塗去，改批「准假一月，另給結婚費三百元」。於是李上尉雖然擔了兩天驚險，終於因禍得福，意外地獲得了一筆優厚的婚禮，自然是驚喜得跳起來，懷著欣慰的心情，回籍享受那燕爾新婚的樂事去了。這一幕戲劇性滑稽趣劇，也就成為剿共期中的佳話了。

十四、全面總動員與保甲制度

前面說到第四次圍剿計劃的開始，即確定「三分軍事、七分政治」為剿共設施的基本原則，實行黨務、政治、軍事、經濟、交通等全面動員，以對付中共蘇區種種赤化的組織為手段。於是，組織保甲，訓練民眾，遂成為「三分軍事、七分政治」一切設施的始基。江西自「朱、毛」紅軍盤據井崗山後，一直是赤化最久、受禍最深，而且成為「赤都」所在地。同時，中國之有保甲制度，始自宋代王安石，王安石為江西臨川人，於是，中央即以江西為試辦保甲制度的實驗省份，江西省府則指定臨川為保甲制度實驗縣，其寓意殆亦有繼武前徽，光大遺緒也。

中央一面進行江西等匪區省份試辦保甲，一面又計議省以下劃分若干行政區，區設行政長官，有如清代的知府，其管轄地區與權責，亦略與知府同，以代省府就近督察吏治，推行政令，中央為了使這「分區設長」成為切實可行的制度，特博採周諮，責成各省廣為徵求意見，以徵實效。於是，熊式輝特於江西省府內設專門委員會，羅致地方碩彥，以及對中國歷代政治制度素有研究的學者，從而究其利弊，期付實行，如王友蘭、文群、彭程萬、李××（李氏為湖北人，通天人，曉權變，對於歷代政制得失，研究至為精深，惜一時竟忘其名）等，皆在羅致之列。經多次研議結果，認為計劃中的區行政長官，僅賦予督察吏治、推行政令的權責，實不足以應付剿共事機，為使因時制宜，行政長官必須兼管地方保安防衛。於是，為了名實相符，乃建議改「區行政長官」為「區行政督察專員兼保安司令公署」，集行政、軍事於一人，其權力遠較清代知府為大，旋且有「小諸侯」之稱矣（按地區武田賦確實如此，今日之台灣，亦不過當年一個小行政區而已）。

上述兩項新地方行政制度的設施，實為當時剿共之役比較著有實效的新猷，不僅有助於剿共工作，確也奠立了爾後地方自治制度的體系與基礎，即於後來八年長期抗戰，亦具有重大影響。直至大陸淪入中共之手，這一區行政制度，依然保留而沿用著，這是值得關心民國地方政制者，加以研討而詳考的。

只是任何一個政治制度，絕無十全十美，總不免利弊相隨，得失參半，如何舉其利而去其害，則視乎執行者之是否得其人？這是中國幾千年來「人為政治」的病癥，而非任何一代獨有的現象，也非任何一人所應尸其咎的。保甲制度，對於剿共抗日固曾著有實效，但在實行保甲初期，由於任用非人，矯枉過正，隨時隨地動輒以「戴紅帽子」的高壓手段來邀功，無形中造成了許多冤抑的暴政，無知鄉民只敢怒而不敢言。本來剿共原是為了保民，事實上卻變成了病民，而保甲制度原係一項善政，結果，卻又變成了虐政了。其中最糟、最突出、最光怪陸離的事例，當以江西第七行政區為首屈一指，確也值得向讀者們一述的。

當時江西全省劃分為八個行政區，第一行政區設省會南昌（後遷贛中豐城），督察專員彭程萬（為民元時江西都督李烈鈞部第一師師長）。第二區設贛西萍鄉（後遷宜春），專員危宿鍾（為熊式輝舊部，任期最久，自創始至大陸淪陷，先後凡十八、九年，卒為中共清算鬥爭而死）。第三區設贛中吉安，專員王有機（為革命元老，曾參加興中會、同盟會，民元前與李烈鈞、黃克強、宋教仁等赴日本、英倫及南洋一帶奔走革命，現居九龍耄年避地，抱道自安，不愧前輩風範）。第四區設贛南贛縣（即抗戰時候，蔣經國繼任專員的地方，所謂「新贛南」曾成為中外聞名的行政區）。第五區設贛北鄱陽，曾一度遷景德鎮。第六區設贛東上饒，專員蕭秉章，原為第三黨。第七區設贛東臨川，後遷南城，專員周作孚。第八區設贛南寧都，專員蕭致平亦為熊式輝第五師舊部，抗戰初期，為日機炸死於吉安。

以上諸人選中，或為黨國碩彥，或負地方重望，或解甲從政，或敬恭梓桑，要皆能當其官，德當其位，就中唯有第七區專員周非孚，一生只以教書匠猢猻王為活，頭腦冬烘，思想陳腐，平生不解政治，卻偏要以王安石再世自命，熱衷利祿，好大喜功，他之所以獲膺這一方之選者，則全憑「父以子貴」的關係。

周作孚為江西金谿縣人，其長子周渾元為保定三期生，任第五師胡祖玉部副師長。當中央大軍第三次圍剿時期，胡祖玉以奉命猛攻廣昌，負傷斃命，渾元遂由副師長坐升師長，成為熊式輝部下第一紅人，原來第五師為賴世璜部改編而來，為清一色的江西部隊，亦為熊式輝政海角逐中唯一的一副資本，對於五師袍澤，自然愛護周至，於是這位猢猻王遂「父以子貴」，儼然成為老太爺，即熊氏接見他時，亦不免要尊稱一聲「老伯」了。

適逢這時創置行政區，推行保甲制度，全面動員剿共，周作孚一時官癮大發，不甘坐在家中納福，暗自收拾行裝，一舸輕舟，循撫河直下南昌，逕向熊氏面討這個行政專員差使，熊氏以他素未從政，又當軍務倥傯之時，如何能推行保甲新政，應付軍事供應，口中不說，心下不免為難起來。那知周竟誤會了這意思，以為熊氏是為了彼此名分上「老伯世侄」的稱呼，將來在公事上有關礙，於是進一步的要求道：「在公事上，你還你的主席，我還我的卑職，這是毫無問題的。」熊氏即解釋：「事關從政經驗，倒非名分稱呼。……」周復侃侃說道：「若論從政資歷，作孚固不足以當銓衡，若論保甲制度，則固吾鄉舊物，恢宏先緒，繼武前徽，當仁不讓，主席請不必再有疑慮了。」熊見周如此熱中，大有將王荊公保甲，篡為己有之意，不覺暗暗好笑，因推諉道：「這事如果乾初同意（按乾初乃周子渾元的別號），屆時自當借重。」周至這時，已知非兒子出面不可了，便匆匆辭出。

是夜，乃急急趕至南城，告知渾元以來意，命渾元致電熊氏力保，並指定要第七行政區專員。渾元見老父如此，便婉勸道：「時當剿共，非比承平，除莠安良，事有兩難，除惡不盡，則貽禍桑梓，除惡太過，則貽毒子孫，這事如何可做？還請父親三思，如果認為林泉歲月，不慣清閒，則做做省紳，或掛一清銜，邦政在聞不聞之間，有事權而無責任，亦足以娛晚景，何必定要攖這繁劇？」周對兒子這番勸說早已不能入耳，即忿然怒道：「只許你兒子作師長，不許我老子做專員，真正豈有此理！你應承也好，不應承也好，這個七區專員我非做不可！」渾元再三諫阻道：「七區專署設於南城，兒軍復駐守南城，以往習慣，駐軍對於城防保衛，或對地方徵調供應，動輒以命令行事，父親如果指定要這第七行政區，將來行文怎麼辦？……」周厲聲道：「這有何難？公事公辦就是哪！」周渾元在第五師中，原有周渾蛋的綽號，這次對於乃父出仕的事，卻極有見地，無如遇到這位熱中的父親，只好委屈地勉為其難向熊請命了。

十五、父以子貴周作孚任專員

周作孚既憑藉兒子的關係，以一個「猢猻王」，竟一躍而為「小諸侯」，除出任第七行政區督察專員兼保安司令外，又兼任臨川縣縣長，文武兩權，身兼數職，一時成為江西紅員，自然是滿懷高興。當時保甲制度，原涵有兩大意義：積極方面，將散漫的民眾，納入有系統的基層組織中，使之成為保家保鄉的力量，並協助剿共軍事上的運輸、守碉堡、偵察敵情等任務。消極方面，在編組保甲時，即連帶舉辦清鄉，查報戶口，實施十戶聯保連坐法，藉以清除共黨、莠民，至於那些煙賭或無業的人，便分別送到戒煙所和游民習藝所去就業。因此，在實施保甲制度之際，中央遂又標榜出：「管、教、養、衛」四字，作為這一制度的鵠的與精神。像這樣一個政制，如果真能推行得人，毋枉毋縱，不邀功，不擾民的做去，不但可以及早消滅紅軍，完成地方自治，即實現中山先生的民有、民治、民享，也並非難事。

無如像周作孚這類的人，他只是要做官，根本不是做事，卻還要標奇立異，死抱著王荊公和顏習齋的文集，背誦得滾瓜爛熟，每一鄉鎮公所和保辦公處，到處墻壁上都粉飾著「動」與「實」兩個大字，下面卻註上一些似通不通的顏習齋的語錄，什麼「一身動則一身強，一家動則一家強……一國動則一國強。」以及「實實在在的幹，實幹、快幹、硬幹……」凡是第七行政區轄區內，隨處可見這類光怪陸離的字句，成為剿共期中的怪劇。

單是這些怪劇，與民生疾苦無甚大關係，還不打緊，可是他在編組保甲清鄉期中，不但不好好地撫輯地方，使他安居樂業，卻反爾大開殺戒，凡是游手好閒和一些吸煙嗜賭的人，無論男女老幼，也不論能否改過自新，一律予以槍決。在他這次大屠殺中，雖然沒有中共紅軍打土豪、殺地主那麼慘毒，卻也可以說得上五十步與百步之間而已！就中如唱凱墟的一個廖姓婦女，丈夫雙目失明，翁姑年紀已老，身邊有三、四個兒女，這一家八口的生活，全賴她一人支持，她無三頭六臂，又是農村婦女，只好開著一爿小小的鴉片煙館，雖然這份職業並不正當，但這婦人忍苦耐勞的志氣卻頗有好評。當這次清鄉中，這婦人正懷著五、六個月身孕，在被捕時，當地士紳們曾一再聯名請求專員公署網開一面，結果不准，於是大家又要求，請待廖氏生產後，再予執行，以免傷害小生命。周還是堅執不准，他說：「除惡務盡，即使留下了這個惡根，將來仍不免為害社會。」終於造成了一槍二命的慘案。

這是周作孚在推行保甲，除害安民的剿共期中，所留下的德政之一。此外，他為了要部屬徹底執行他的嚴酷手段，便儘量的袒庇部屬，於是上有好者，下有甚焉，那些部屬上自祕書科長，下至保甲長，有了這個護符，更是無法無天，無惡不作了。當時專署、縣府的科祕和八個區的區長，就曾有「四兇八惡」的稱號，一個區長下鄉，有如民初的督軍出巡，經常是帶著十個以上的短槍武裝衛士，前呼後擁，其威風就可以概見了。同時，人民要控訴保長的違法瀆職，不問有無理由，照例是先行監禁一月，然後再行訊問，以為控告「父母官」——保長者戒，這些保甲中的滑稽怪劇，說來真令人有啼笑皆非之感。

臨川上頓渡有饒姓巨族，族中有兩巨頭，一是曾任廣東大元帥府祕書的饒寶書，另一是久任中學教員的饒思誠（號讓三，即中共據有大陸後，華東區巨頭饒漱石的父親），由於一山難容二虎，於是兩人積不相能，饒寶書為人，富於正義感，好說直話，有時不免開罪政府之處，饒讓三性格深沉，極有城府，且與周作孚有同學關係。某次，兩人因地方事件爭執，讓三非所敵，乃圖報復，詭言於周，謂寶書誣辱專員，曾有「教書匠不諳政」，以及「父以子貴」的譏評，藉遂其移禍的毒計。這幾句話正觸犯了周的忌諱，於是密令「八惡」之一的區長韓仰黎，不由分說，將饒寶書械送專署獄中，不理不問，一關就是十九個月，饒寶書坐著「啞子監」，自然心有不甘，於是派人晉京控告周的擅權瀆職，國民政府、行政院、軍事委員會、司法院、監察院到處都有他的控案，但結果由於熊式輝的袒庇掩護，終以不了了之。

當饒寶書繫獄時，筆者友人梁雲山與周、饒都屬老友，因往晤周，並擬為饒緩頰，周傲然笑答道：

饒寶書平生一張利口，從不饒人，我今使他坐『啞監』，不審不問，根本不給他說話的機會，這一來，他縱有千張利口，也無所施其技了。

可憐饒寶書以革命老人，晚年繫獄，氣憤填膺之餘，出獄後，終於抑鬱不伸，不久便死了。

周作孚任七區專員，這一偏激狠辣、任意施為的作風，自然使得地方民怨沸騰，為子孫留下了不少的怨毒，確不出周渾元的所料，周渾元平日雖有「渾蛋」之號，這事確看得非常明白。到了民國二十七年初，渾元已升任三十六軍軍長，接任不久，他的長子夭折了，至四月間，渾元又以惡性梅毒併發症，不死於沙場，而死於惡疾了。

周作孚面臨這家庭骨肉慘變，毫不悔悟，還是一意孤行，照樣幹得起勁，而且發動第七行政區所屬各縣紛紛舉行追悼會，就在會後第三天，他自己便因染上時疫，雙足一伸，也與世長辭了。遺下了一個如花似玉的姨太太（渾元的母親早已逝世）和許多財產。是年七、八月間，他的屍骨還沒有寒，他那位姨太太余如玉便捲著所有的財物細軟和專署的許會計逃之夭夭，雙宿雙飛去了。當時曾有人寫了這麼一副輓聯，用以譏刺周的晚節結局，聯云：

周作孚作惡多端，倒絕三代，

余如玉移（諧如字）情別嫁，遺臭萬年。

按聯中所指的「倒絕三代」，乃江西的俗語，意謂周氏先殤孫，繼喪子，終且自身也不免一死，天道好還，報應不爽，寓有垂戒的深意。

上述這些瑣事，雖無關於剿共軍事的大計，但也可反映出當時實施保甲制度的實情，而所謂臨川模範縣和保甲實驗區，便是這麼無法無天的一幅黑暗的地獄圖。如果不是身親目擊的話，說來真也難以令人置信了。

十六、中共的「太上皇」李特

國民黨在大陸時期，由於彼此的權利衝突，形成了派系的傾軋，人皆知之。可是在對手方的中共，也同樣為了權力的爭奪，鬧著錯綜複雜的鬥爭，如留俄派與地方派、國際派與民族主義派、毛澤東與周恩來、朱德與彭德懷……之間，都有其傾軋內鬨光怪陸離的現象，這已經夠瞧了，再加上一個第三國際派駐中國共產黨蘇區的軍事代表李特，不但成為中共國際派的護身符，而且更是中共中央最高和最後的決策人。毛澤東以搞軍隊起家，同時又擔任著名聞國際的——中華蘇維埃中央政府主席，可是在李特一手控制黨權、軍權之下，老毛卻始終抬不起頭來，受著種種的箝制，這一點使到毛澤東鬱積著無限的幽怨與憤怒。但身為共產黨徒的毛澤東，他能擺脫第三國際的控制和反抗主子的命令嗎？事實上是絕對不可能的。

有人說：近年來毛澤東與赫魯曉夫雙方面挖窮根、掘祖墳般的互相叫嚷、漫罵，便是由於這一積怨所造成，這些話，是有其部份理由的。

本節即為追述中共「太上皇」李特是怎樣的一個人。

李特是個高大身材、軍人出身的德國共產黨黨員，在德國共產黨中，他的地位相當的高。自民國十二年希特勒掌握了德國政權後，便以血洗的手段對付德國的共產黨，使到德共組織被芟除殆盡，李特在那時便逃亡到俄國，做其流亡的政客了。後來，參加了第三國際軍事委員會工作，漸漸獲得了史達林的信任。

民國二十年十一月七日，中共在江西瑞金成立了中華蘇維埃中央政府，占據了贛、閩邊境十餘縣的地區，擁有近十萬的紅軍，在當時第三國際控制下的各國共產黨，要算在中國的實力為最雄厚。為了加強對中國共產黨的控制，並領導中共從事武裝鬥爭起見，史達林便由第三國際軍事委員會中選出三個幹練的高級幹部，特派為第三國際駐華軍事代表，李特便是派出的三個代表之一，在伍修權（伍修權那時正在俄國留學）的陪同下，首先到達上海，接著化裝為天主教神父祕密到達紅軍蘇區，其餘的二人，便在由香港前往蘇區的途中，受到了嚴密的盤查，無法通過，只好折回莫斯科去，於是，李特便成為第三國際派駐紅軍蘇區的唯一代表了。

李特這人軍事修養很高，有眼光、有決心，主觀意識和判斷力都很強，也極機警，解決問題也有其獨到之處。他既負著第三國際的使命來控制中共，自然深深瞭解在如何的情形下，才能掌握著整個控制權。他初到蘇區的時候，是默默地觀察，靜靜地研究，廣泛地聽取紅軍幹部的陳述，當他深切瞭解了中共黨、政、軍各方面的情況，以及中共內部人事間的矛盾時，他便毫不遲疑地一足伸入，實行控制決策的會議，逐步的使黨政軍一切決策的最後決定權，完全操在他的掌握中。他雖不懂半句中國話，不識一個中國字，但卻成為中國共產黨事實上的「太上皇」，和幕後的決策者了。

李特好抽菸喝酒，而且必須要好酒好菸，菸每天要抽上五、六十支，酒要喝上一大瓶，在中共蘇區貧苦到了極點，四面八方受著封鎖，根本沒有好菸好酒可買。但中共不能不好好地供奉這位「太上皇」，於是，只好特別派人經常到香港採購大批的洋菸洋酒，由潮安一帶而偷運進入蘇區。可是單憑好菸好酒還不夠饜足他的需要，他除愛好菸酒之外，而且又酷好酒字下面的「色」字，他不慣於紅軍中的枯燥寂寞的生活，必須要有女人陪伴著調劑調劑，當時的中共中央總書記周恩來，擔任這種差使雖感頭痛，但為了仰承「太上皇」的色慾，就蘇區中到處物色漂亮的婦女，來供作李特的洩慾器。起初找了幾個普通體格，有些姿首的女子，但過不了幾天，終因那些瘦弱女子禁受不起二百五十磅以上的體重，和餓虎撲羊的蠻性，而啼啼哭哭的尋死覓活。最後，終於想方設法，找到了一位高頭大馬，體格強健，姓蕭的婦女，來承受「太上皇」的恩寵，她倆雖然語言隔閡，但因那姓蕭的女子，曾受過初中教育，多少具有一些新的常識，感情倒也還不錯，到了紅軍突圍西竄時，那個女子終於遭到不幸，被遺棄變為蕭娘了。

李特不但好菸酒女色，而且食量很大，還要吃好的，他每天三餐，每餐要吃半斤猪肉或牛肉，四個雞蛋，半斤蔬菜和十幾個大饅頭，有時還要換換口味，要吃麵包，但在蘇區中那來的麵包店？中共想盡方法找到了一個麵包師，專門替他作麵包廚子，中共對於這位「太上皇」的供奉，可說是無微不至了。此外，這位流亡政客的架子還很大，他天生兩條腿卻不肯跑路，即使是三數里的短程，也要騎馬。如果遇上整天的行軍，那就除了備馬而外，還要備好一副擔架，和四個年富力強的扛夫。他騎馬倦了，便躺到擔架上去休息，休息得夠了，便又再騎馬，這種騎在人民頭上的行為，在今天說來，不知中共又將作何解釋呢？至於那時毛澤東，雖然位居蘇維埃中央政府主席，比較李特的享受，簡直是望塵莫及了。

事實上，那時的毛澤東不但沒有這份享受，而且還遭到了最後一次謫貶，放逐到雩都去督導農村蘇維埃工作，原因是為了閩變的一樁公案。當民國二十二年十一月間，李濟琛、陳銘樞策動了十九路軍蔡延鍇、蔣光鼐等實行反抗中央，成立福建人民政府，在未舉事前的醞釀期中，李濟琛、陳銘樞諸人，為了爭取外援，結成犄角，特別派人攜函到瑞金與「朱、毛紅軍」聯絡。當時中共中央得知這一消息，為之歡喜若狂，一面款待來使，一面立即召開中央政治局會議討論對於這事的立場和方針，當時會議進行討論這問題時，發生了分歧的意見，一面是以周恩來為代表的積極派，主張立即派遣大員去福建與李濟琛等談判，如何援助福建人民政府如何對付國軍進攻福建的問題，秦邦憲、張聞天等並主張派第一、三兩個軍團前往福建，與十九路軍併肩作戰，既可堅強十九路軍的鬥志，以對抗國軍，又可藉此清除十九路軍內部動搖份子。另一面是以毛澤東為首的保守派，對福建人民政府難有信心，主張派不重要的代表去福州作試探式的談判，對於紅軍本身行動，主張慎重其事，並要求十九路軍配合紅軍，先行消滅閩西北的國軍劉和鼎師，始可出而援閩，否則，即使要派援軍，亦應待十九路軍有著堅決抵抗國軍的行動，紅軍方可應援。爭議的結果，終於將積極援閩的主張打消，決定派潘漢年、張雲逸兩人為代表，去到福州，並簽訂了所謂的「共同抗日作戰」的初步協定。

是年十一月二十五日，所謂的福建人民政府終於在福州宣布成立，由李濟琛任中國人民政府主席兼軍事委員會主席，陳銘樞任人民委員會主席，蔣光鼐任經濟委員會主席，黃琪翔任參謀團團長，蔡廷鍇任十九路軍總司令。同時，又將福建省所轄的地區，劃分為四個省區，派出各省主席，又派全權代表一人駐瑞金，與中共切取聯繫，福建人民政府便在這幕滑稽怪劇中正式登場了。

由於十九路軍內部意見紛歧，矛盾迭出，和中共對於這次事變始終存著一種利用和觀望態度，當國民政府發表蔣鼎文為總指揮，亟亟調動原任剿共的國軍——十八軍羅卓英部、六十四軍劉和鼎部、第九師李延年部，實行對閩以軍事解決的時候，李濟琛等曾迭電中共立派紅軍入閩作戰，以阻遏國軍的進攻，但中共卻虛與委蛇，大軍遲遲不行。同時，國軍以神速行動，集中主力由浦城進攻建甌，繼之以中央突破，一鼓占領延平，十九路軍便告瓦解，而這一幕滑稽劇，僅僅上演不到兩個月，便草草終場了。

先是，蘇俄原許諾援助中共軍火的，只因中共沒有占領海口，無法運達。當閩變時，福建海口已經打通，中共急電蘇俄，立即許以由海參崴先運步槍三萬枝、重機槍二千挺、各種炮二百門、飛機十架，以及各種彈藥、通訊器材等，另由上海運送中國銀行等紙幣一百萬元，以為紅軍軍費。可是由於閩變結束得太快了，蘇俄由海參崴運出的軍火，無法運達，迫得中途折回。於是，第三國際對於這一重大錯誤追究起來，適逢中共中央大權這時還掌在留俄派手中，平日對毛澤東的上山打游擊，是極其反感的，便將這個責任全推在老毛身上，第三國際根據這個報告，一紙命令，老毛以中央政府主席之尊，竟受到「留黨察看」的處分了。在這段處分期間，老毛的職權全部被剝奪了，黨務會議更無權參加，只好懷著悲憤悽愴的心情，帶著賀子珍和一個尚在襁褓中的小兒，由兩個特務員陪同著去到雩都，度著那一段時間的謫貶生活。

人到倒楣時，往往容易觸起前塵舊夢的傷感，他常對著井崗山的老夥伴慨歎地說：「我自從參加革命以來，受過了三次開除中委，八次嚴重警告的處分，這次，他們又將失敗的責任推在我身上，現在，已不是我們井崗山老同志的天下了！」說時竟淒然淚下。後來，直到紅軍在國軍五次圍剿中，紅軍決定西竄時，他才由雩都回到瑞金赤都，隨著中共中央人員西逃奔命。紅軍西竄时最後決策會議，他還在處分期間，沒有參加。誰知到了貴州遵義時，他又翻雲覆雨起來，重行掌握了大權。

十七、派系鬥爭楊永泰被刺

當年政學系與CC在江西剿匪時代，因爭黨權而勾心鬥角的經過。按地方黨務人員隨軍赴前方工作，以黨員「為民前鋒」而言，自然是正大堂皇、義不容辭的事，可是當時楊永泰所擬定的這一號召與發動，其中卻暗藏有一套篡奪黨權的陰謀，在雙方激烈的派系鬥爭中，終於釀成一件驚人的暗殺巨案，那便是剿共期間國民黨內部CC與政學系鬥法的內幕。現在往事成塵，而且鬥爭雙方的主腦人物，早已死的死了、走的走了，而今舊事重提，自也無關宏旨。

當蔣先生率領文武大員坐鎮江西督剿的時候，隨征人員各派各系都有，其中參與機密、諮詢大計，特別接近蔣先生的，當以南昌行營祕書長和參謀長為近水樓台，而這一文一武兩要職，卻偏偏落在政學系的首腦人物楊永泰、熊式輝手中，政學系人物素以縱橫捭闔的才調見稱，楊、熊兩氏尤為其中的佼佼者，不過熊氏因為已是江西省主席，再兼任參謀長，唯恐權位太重，樹大招風，遂堅辭參謀長而改為行營辦公廳主任職，盡其力而不居其名，這是熊氏知機謙退之處。至於楊氏有了大權在握，便要花樣翻新有所作為了。

自從中央將赤化省區的黨務人事權劃歸蔣先生權宜處理後，楊永泰既以元戎幕府，事無大小，悉以咨之，認為是分割黨務，篡取黨權之千載一時機會，乃密囑陳方（芷町）預先擬定一個「匪區省好地方黨務人員隨軍參加前方剿匪工作方案」，相機密呈於最高統帥，並硬性規定不得藉故規避，否則即予撤換，以為地方行政人員的倡率。蔣先生以為剿共工作必須全體動員，而鼓舞民心，激勵士氣，黨務人員確應以身作則，率先倡導，這一方案，確屬當時對症下藥的良方，事在必行。乃將這方案通飭湘、鄂、皖、豫、閩等省省黨部加以研討，並定期召集以上各省黨部執行委員在行營舉行會議，商討輪流派遣及進行宣傳撫慰等步驟。

當時蔣先生以身為最高統帥，負責專征，對於黨政軍一切設施，但求於事有濟，自然沒有顧慮到其他問題上去，可是富於敏感的CC首腦陳果夫、立夫兄弟，則認為此一措施，無異是政學系有意矇蔽最高當局，乘機分割篡取中央黨務人事行政的大權，而且將CC多年來費盡心力所培養的地方黨務基礎，不難一旦為之消除。楊永泰這一殺手鐧的使出，令到陳氏兄弟頭痛萬分，但明令已頒，要阻止也來不及。同時，那時楊永泰、熊式輝日侍在蔣先生左右，信任特專，紅得發紫，想要揭發這一陰謀，一時也無機會直陳其隱。

陳果夫、立夫兄弟面臨這一政治挑戰，再四籌思，卻始終想不出一個更好的對付辦法來。乃急召上海特別市黨部委員兼上海市社會局長吳醒亞星夜晉京，密商大計。吳醒亞乃將事勢加以分折，認為目前唯一挽救辦法，只有利用各地區黨務人員不願親履前方危地的恐懼心理，密電他們在會議時，一致加以反對，待至爭持不決時，再密陳最高當局說明利害，使這一方案無法付諸實施。陳氏兄弟見事勢已如此，也只好依著吳的意見而行。

說起吳醒亞這個廣東大本營微員末秩出身的書記，大家可不要小覷了他。當北伐軍底定長江開府南京後，他的地位，在黨政中雖然只是第三流的角色，但他的權力，卻遠在他的身份地位以上，他是CC系的主要智囊，同時更是陳立夫、果夫兄弟的靈魂。CC中或者陳氏兄弟有任何疑難大事，必然找他研商，他以敏銳的眼光，縱橫的辨才，作出精深的分析，每每是數言而決。當何成濬主湖北省政時，他以湖北省黨部委員（負組織責任）兼任湖北省政府民政廳長，繼調安徽，仍以皖省省黨部委員（組織）兼皖省省府民政廳長，本來安徽省政府主席石友三，原是馮玉祥的老部下，反覆無常，是年忽輸誠中央，中央乃開誠布公以皖省主席以羈縻他，希望他能洗心革面從事革命到底，但終顧慮他賊性難改，乃調吳醒亞前往，名為贊助，實際上則無異暗中監察石的行動。未幾，石忽奉命率軍赴粵，而以吳醒亞暫代主席，石頗不願，意甚怏怏，但迫於軍令不得不行，迨至浦口（南京對江）調集軍隊之時，遂發動浦口之變。吳在這事變中，幸喜見機得免於難。

後來，吳又被調任上海特別市黨部委員兼上海市政府社會局長，仍舊負著黨的組織任務（後來潘公展以上海特別市黨部委員兼上海市政府社會局長，與吳同為CC的要角），他經歷鄂、皖、滬三省市，地位雖不算高，但集黨務、政治於一身，職權卻相當重要，而且替陳氏兄弟一手培養了上述三省區地方勢力基礎，形成了CC的主要骨幹，這便是他與陳氏兄弟政治上的一段結合。

吳醒亞，湖北人，北伐前，在廣州大本營任書記職務，才氣縱橫，好用權謀，喜提攜後進，和他相處，只要有一事之長，必量才擢用。但生活糜爛，享受豪華，嫖、賭、菸無一不好，因此，有「愛才如命、揮金如土」的美譽，如上海、漢口，那些高貴的尋芳去處，無不有他的車塵馬跡。他又愛好獵取那些幽芳冷艷，像劉共時期號稱南昌「女總司令」張太太處，也經常有他和周佛海諸人的蹤跡。也許就因此而斲喪太過了吧！後來他死於上海社會局長任內，天不永年，據說與此有重大關係。

吳氏沒有兒子，即由其姪吳大宇繼承為嗣，曾在台灣任監察委員，女兒嫁給孫元良，數年前，孫的女兒遠嫁美軍，歸國後，執業擦皮鞋，當時曾轟傳為異國情鴛的佳話，孫元良在日本為這事曾寫了很多文章，替女兒作辯解，這位小姐，就是吳醒亞的外孫女兒。

話再說回頭，吳醒亞對於抵拒楊永泰篡取黨務人事大權的策略，雖曾生了效，但也只限於湖北，至於江西、安徽等省，還是被楊突破了藩籬，分割取去了一部份。因此，CC方面對於楊永泰，直有如眼中釘，恨之刺骨，可是當時最高當局對楊正是倚畀方殷，只好等待、忍耐，忍耐、等待，伺機報復吧。

到了民國二十二年，楊永泰由帷幄運籌的行營祕書長而出任湖北省政府主席，從此不但獨當方面，可以一意經營，同時，如果鄂、贛聯合起來，其勢力足以控制東南半壁。這一來，更使陳氏兄弟感到寢食不安了。據說這時，陳立夫所領導的「中統局」實力已經養成（時陳立夫任中央黨部組織部長兼中央調查統計局長，副局長由徐恩曾擔任），遂決意派遣「中統局」幹部，前往武漢進行狙擊楊永泰，結果，楊永泰便在這次爭取黨權的激烈內訌中，成為第一個被犧牲的省主席了。

楊永泰才氣縱橫，鋒芒畢露，易遭人忌，他自己確也深知，只是生性使然，無法自行抑制。他出任湖北省主席後，亦隨時警惕戒備，非遇開會拜客，亦很少輕於外出，遇必要外出時，亦必著上避彈衣（鋼絲馬甲，形如坎肩，如遇狙擊時，可以保護胸腹兩部的安全），以防意外。這時，漢口租界尚未收回，某日，適英國駐漢新任領事初到履新，在外交上例須作禮節上的答拜，因於早餐後，準備過江赴漢，行前，特囑其夫人從行篋中將避彈馬甲取出。哪知他夫人遍尋鑰匙不得，詢問諸婢僕，亦無人知，他的夫人已找得滿頭大汗，依然無法尋得，楊氏坐待已久，深恐有誤約會時間，心中也感到焦急，繼而一想，此行小坐即歸，當無大礙，何況武漢兩岸碼頭，平日都有戒備，料也無妨，隨囑他夫人不必再覓，但取大衣即可，他夫人復從衣櫥中取大衣替他穿上，剛一著身，忽有一隻小老鼠從大衣袋口中跳出，楊愕然一怔，他夫人見了，更為之大驚失色。可是，約會的時間已太逼了，也不暇再詳細推究，乃匆匆驅車而出。

車行抵江邊，便乘專輪渡江，駛到江漢關碼頭登岸，江漢關碼頭有石階數十級，拾級而登，自然要一段時間，同時，碼頭上熙來攘往，人眾雜遝，剛登到半路時，忽聞「砰」然兩聲，楊身上已中了一槍，隨即倒地，一時碼頭上情形大亂，群相驚呼「捉拿刺客……」兇手乃棄槍而逃，有人緊隨後追趕，追至前花樓時，終被一屠夫將兇手捉獲。但楊永泰因被命中胸膛要害，流血過多，也來不及救治，當場即告氣絕。一代縱橫奇詭才士，竟死於權力鬥爭中，說來也令人慨惜！事後有人說，如果當時穿上避彈馬甲，即使彈著胸膛而不是頭部，照理當不致斃命，無奈臨時覓不到鑰匙，致失去防讓，而大衣袋中，復成為老鼠竄宅，誠屬一件不可解的怪事了。

「刺楊案」的兇手，雖然被那位勇敢的屠夫代捕到了，而且繩之以法，可是不久又發生了一件「案中案」的疑案，那就是當時遠居香港的劉蘆隱，被牽入這一「案中案」中，成為「刺楊案」的買兇和主使人了。有人說：政治上只有勝敗的定評，而沒有是非的定評，因為政治上許多黑暗內幕，除了雙方當局者深切瞭解外，局外人是無法知道的，有時弱的方面一旦落在強的手中，其是與非，雖然恰與事實相反，但一經指證，百口難分，「莫須有」的疑案，便因而鑄成了，劉蘆隱被牽涉的「案中案」，是否如此，不得而知，但有一項恰恰與這相反的傳說，說劉蘆隱的株連，完全是落入CC的圈套，究竟孰真孰假，誰是誰非，那只有留待史家去作裁斷好了，這裡只是姑妄聽之，姑妄述之。

十八、別働總隊的五花八門

南昌這個古老的名城，自從最高統帥駐節行營後，不僅成為剿共軍事的司令台，同時也成為軍政大計決策的神經中樞，儼然是中央分府，所有軍事、政治以至黨務各方面的新設施，皆由軍事委員會委員長直接以命令行之，或咨照而後行。因為當時中央為了使剿共軍事不受任何牽制，特別假以專征的事權，舉凡剿共各省區的黨務、行政，皆劃歸蔣先生，一切可以便宜行事。另一方面由於國府主席林子超（森）先生，只是一個象徵式的元首，如所周知，這位鬚髮皤然老好人，只是典守印信，受成畫諾，對於軍國大政，根本沒有任何權力，如果說他老人家既然身為元首，總該有其某些作用的話，那唯一只是做一位「和事老」，甚至「緩衝器」而已！

至於行政院長汪精衛，也只是偏重在執行方面，並非決策人，遇上重大的問題，還得要推蔣先生主持，因為軍事方面的權力，已全部由蔣先生掌握，行政、黨務方面，也不得不以軍事為第一了。任何一個政治人物，到了「以他為中心」的勢力已經培養成功時，任何人也無法與之爭衡的，所謂「形勢比人強」，已成千古以來的定例。

話再說回頭來，當時為了配合剿共軍事，除了實施前面所述的組織保甲，設置省以下的行政區外，同時又成立了別動總隊，創辦廬山（星子）訓練班，設立「豫、鄂、皖、贛四省農民銀行」（後來成為全國性的，改稱為「農民銀行」），修築湘、鄂、贛等七省公路，發動各省地方黨務人員隨軍赴前方協助有關剿共軍事的宣傳、慰勞和收復地區的善後工作，以及南昌行營設置軍事調查統計科（即「軍統局」的前身，和後來的新生活動運動等，都是那一時期以南昌為策源地的時代產物。

說到別動總隊，這一個負有特殊任務的特種組織，其工作任務的範圍，是相當廣泛龐大而包羅萬象的。因為別動隊的每一個隊員，係派往新收復地區擔任著民眾組訓、特種教育、諜報、交通、物資封鎖、檢舉貪污、糾察軍風紀等繁重艱鉅的工作，所以每人都賦有一種特殊的權力和配有一枝自衛的手槍。例如：一個赤化的縣份，由國軍收復後，別動總隊即派若干隊員前往該縣展開工作，將青年壯丁按照保甲組織，編成壯丁隊，每保編成一中隊，每甲編有一班，由別動隊員負責主持輪流施以軍事訓練，此外，每保設有一民眾夜校（利用原有的國民學校或小學開夜班，即成人班），施以識字和思想教育，藉以洗刷其赤化的毒素，這是屬於民眾組織、訓練和特種教育的工作。

同時，各縣又利用保甲組織，設置通訊站（交通站），擔任搜集敵情資料、傳遞情報，和送達重要公文，以為國軍的耳目，這是屬於諜報、交通的工作。此外，在比鄰赤區地帶的通路要隘，設置盤查哨，以查緝奸細，封鎖物資。至於地方行政人員的貪污黷職，以及當地駐軍的違犯軍風紀，別動隊員也負有檢舉和糾察的權力使命。從上述的事實看來，便可瞭解別動隊的任務，包括了軍事教育、思想教育、情報工作、物資緝禁，以及司法、軍法的糾舉，確是廣泛、繁重、艱鉅而特殊化了。

別動總隊自剿共時期成立，至抗戰初期裁併，其間也經過了七、八年的時間，總隊長康澤，號兆民，四川人，黃埔三期畢業，亦即復興社所謂「十三太保」的中堅份子之一，他與別動隊相始終，別動隊的全盛時期，也正是他聲名煊赫時期。他雖是黃埔三期，但在當時蔣先生心目中，其份量並不輕於黃埔一期老大哥賀衷寒、鄧文儀，乃至於胡宗南諸人，甚至別動總隊中，還有許多一、二期的老大哥，服從他的領導與節制呢！足見這位四川老鄉，硬是要得！

康澤主持別動總隊，雖然沒有作過戰，立過汗馬功勞，但在江西時期，確也有其建樹，其中最著成效的工作，第一是組訓民眾，其次是封鎖物資。在組訓民眾方面，不但當時有助於剿共的軍事，而且也奠立了後來抗日戰爭中，動員民眾協助國軍的運輸和破壞道路、橋樑等等工作。至於封鎖物資，也比較執行得徹底，其中食鹽、布匹、糧食等，使到赤區的紅軍和人民，一個月中，也難得配有一、二兩鹽，只好淡食，等到淡食熬不過時，中共便發明了拆除民間舊的土墻來煎煮食鹽，哪知舊土牆中，雖然含有鹽的成份，但同樣亦含有硝的成份，民間的土法，既不能將鹽與硝分離開來，食得多了，便不免中毒，不食的話，又一身疲軟無力，這一致命的打擊，簡直使紅軍束手無策，後來紅軍在國軍五次圍剿中，迫而西竄，一方面固然是由於中央大軍節節進逼，合圍之勢已成；但另一方面，便是由於食鹽、糧食等奇缺，不得不冒險突圍、另尋生路了。

別動總隊在全盛時期，全體官兵人數，大約不下兩萬人，其龐大幾乎等於兩個師。總隊部內設有：組訓、諜報、交通、禁運、總務等處，此外還有祕書、軍法、軍需等部門。總隊部下轄有若干大隊、中隊、區隊，這等於正規部隊的營、連、排的組織，隊員遇有事時，即分發各新收復縣份擔任地方工作，無事時則仍留在隊中待命。隊長和隊員的人選，其來源約可分為三方面：第一是以軍校的前後期同學為骨幹，視其期別與能力，分擔各級隊長或其他的工作。其次是正式招考高中以上青年學生，設立星子訓練班，施以半年至一年的軍事學術科訓練，訓練期滿後，編為中、少、准尉隊員，論階級雖然比較低，但人數卻以學生占絕大多數。再次是由各機關、部隊，或有關的個人，保送介紹的軍事人員或學生。因此，在別働隊中，全部是官佐身份，所有少數的兵，也只限於傳達、炊事、勤務等雜兵伕了。

由於別働隊的工作地區，主要是新收復縣份，當地的縣行政人員，和別働隊合作的關係極為密切，如果不能協調，縣長縱有三頭六臂，也無法展開工作。因此，省府方面，有時也故意表示好感，加以巴結，問總隊部保薦適當人選充當縣長，可見當時康澤的聲威有如要員，簡直是紅得發紫了。但不幸自從別働總隊裁併後，他也隨著走向下坡，轉任三民主義青年團中央團部的幹事、書記等組織工作，但遠不如在別働總隊的獨當一面，一呼百諾，最後出任第十七綏靖區司令，但已是時局岌岌，國事不可為的時候，終於在襄陽圍城戰中，被共軍俘擄過去。當他在被俘的剎那間，曾舉槍自殺而未得遂，僅略傷頭部，去年中共宣布恢復了他部份的自由，以一個由剿共起家，終復由剿共失敗被俘，而且尚健人間，也該算是悲慘的奇蹟了。

由於新招收的高中以上的青年學生，須施以軍事訓練，於是，便成立了一個「星子訓練班」，專門訓練別働隊員（名額滿足後，改組為「廬山特別班」，負責訓練湘鄂贛諸省地方部隊軍事幹部），由康澤兼班主任，張與人任教育長，現在台灣任中國國民黨第二（五）組主任的上官業佑，擔任教育組長。康澤便經常往來於廬山與南昌之間，南潯道上，時有他的車塵馬跡。康澤為人，雖不過中駟之材，但頭腦還精密，處事亦頗有條理，只是有時喜露鋒芒，不免因此遭到了不少的嫉忌，他之離開青年團而去美國考察，美國歸來後，出任綏靖區司令，便是被排擠出去的，終於造成了他最後的噩運。

十九、第四次圍剿戰中的插曲

紅軍在國軍數度圍剿中，雖然眾寡懸殊，卻依然能夠掌握主動，有時雖陷於極度被動中，它總能想盡方法擺脫被動而爭取主動。這原因，第一是它的情報靈通而正確，其次是善於利用環境與條件，進行所謂游擊戰，這便是中共的成功處。此外，便只是誇大宣傳而已。

當國軍第四次圍剿計劃部署已定，各部隊大都份還沒有進入各指定地區，紅軍的情報已完全知道得一清二楚。他們認為廣東的第一軍余漢謀部、第三軍李揚敬部，雖然由西南面的贛縣、尋鄔、信豐、安遠、武平之線進攻，但兩廣與中央並沒有真正精誠合作，雖然已經出兵，也只是虛應故事，絕無積極進攻的意圖；至於東南方面福建的部隊，那更是兵力單薄，絲毫不足為慮。就中主要的威脅力，還是北面的南城、臨川、宜黃、吉水、吉安之線的中央軍。於是便趁著中央軍還在途中，沒有展開攻擊以前，便決定以第一、第三、第五，三個軍團為主力，實行採取打擊主力的攻勢。先攻占南城，然後再奪取臨川。

當紅軍第三軍團的第四軍林彪部（這時林彪已升為軍長）、第七軍龔楚部，和第五軍團的趙博生部（這時第五軍團總指揮季振同已被軟禁在赤都瑞金，由趙博生接替季的職務），進抵南城城郊時，國軍毛炳文、李雲杰、許克祥三個師，正由臨川東下，開往南城增防，不知如何，這個軍事行動的祕密，竟被紅軍的情報人員獲悉。於是朱德一面指派林彪第四軍單獨負責攻打南城，一面卻親自率領大軍以極祕密的急行軍，趕赴臨南途中的李西趙地區以迎擊毛炳文三個師，並準備將這三師兵力擊潰後，更進而攻占滸灣，再撲臨川。

可是，南城這個城池，背山帶河，地勢相當險峻，利於守而不利於攻，同時，城外的南西北三方面，已早由當地民工築有十幾座堅固的碉堡群，互為犄角，構成交叉火網；此外，又架有重重疊疊的鐵絲網、鐵蒺藜等障礙物，更顯得異常險要，南城的守軍雖只有周渾元師的一團人，但林彪對南城的進攻，卻絲毫無法朱德率領的伏擊部隊，雖然與毛炳文等三個師展開了一場猛烈的截擊戰，但由於軍機動戰鬥力強，裝備充足，警惕性高，雙方在李西趙山丘地帶激戰了一晝夜，國軍固然有相當傷亡，可是紅軍也並沒有得到什麼甜頭，而且相反地，紅軍在這次伏擊戰中，還傷亡了指戰員一百五十人，而紅十九師師長李顯也在戰鬥中陣亡。

由於李西趙的伏擊，沒有獲得預期的勝利，對於攻占滸灣和臨川的計劃，也就因此而告吹，隨即退回黎川、南豐間的山區地帶去整補。國軍方面，也因途中遭受伏擊，重新調整進攻部署，第四次圍剿計劃，也就因此而延宕了一段時間，直至民國二十二年一月間，國軍以李明、陳時驥等裝備最好的四個師，由宜黃向廣昌蘇區進攻，企圖橫截遮斷南豐與寧都間的紅軍聯絡，哪知這一祕密計劃，又被紅軍偵悉去了，立即將南豐黎川間整補的兵力，全部轉移到南豐廣昌間的黃陂、陳陂等山地，祕密布置著一個大兵團的伏擊。

正當國軍向廣昌方面推進之際，突然又遭到了紅軍兩面的埋伏，於是，雙方又進行著一次激烈的遭遇戰，在戰鬥進行中，雙方都受到了嚴重的損失，國軍方面，師長李明陣亡，陳時驥，以及該師的一個旅長被俘。紅軍方面，原任二十六路孫連仲部參謀長趙博生，叛變後由紅軍第十三軍軍長升任第五軍團總指揮，卻也在這次猛烈戰鬥中而重傷斃命，事後中共為了紀念這位叛將軍，特將寧都縣改為博生縣。這是國軍在第四次圍剿中，最大一次的失敗，同時，也是紅軍在江西蘇區最後一次的勝利。

這時國軍在江西的圍剿，雖然遭到失敗，但對豫、鄂、皖邊區的進剿，卻有極順利的進展，徐向前、張國燾的紅軍第一軍，在國軍圍攻下，被迫立足不住，只得放棄多年盤據的巢穴，西竄川北。同時，鄂西洪湖區的紅軍段德昌部，和紅二軍賀龍部，也因受到國軍重大壓力，仍回竄湘西老巢穴鶴峰，依附他的妹妹賀三姑，重行回復他那打家劫舍的老生涯。

到了民國二十二年二月，最高當局為了統一剿共軍事，調整前方部署，於是重行改組南昌行營，任命第十八軍軍長陳誠兼中路總指揮，陳誠乃由臨川進駐南城，正在重新部署中，而日軍又在喜峰口挑釁，雙方發生激戰，蔣先生便由南昌北上，所有江西剿共的軍政、軍令，前者交由賀國光代行，後者則交由陳誠負責。至於豫、鄂、皖剿共總司令一職，便由劉峙代理，這一來，第四次圍剿工作，便無形中宣告停頓了。可是，善於蹈隙抵瑕的紅軍，乘著國軍北上增援之際，便分五路向贛、閩各縣竄擾，而以其主力紅四軍、紅五軍沿贛江而下，直撲南昌，於是沿江各縣吉安、吉水、新淦、峽江等又復陷落，南昌、臨川同時吃緊。蔣先生遂再飛返南昌，隨即召集剿共區內各省治安會議，重申安內攘外決策，並重新任命：陳濟棠為贛、粵、閩、湘、鄂五省剿共軍南路總司令，白崇禧為副總司令，何鍵為西路總司令，劉峙為北路總司令，蔡廷鍇為南路前敵總指揮，劉鎮華繼劉峙之後代理豫鄂、皖剿共總司令。一面召集牯嶺會議，並邀請行政院長、立法院長、外交部長等參加，對於安內攘外決策和配合剿共事宜有所商榷。一面又下令川、陝、豫、鄂、湘、贛、粵、閩八省全體動員，嚴密封鎖赤區，斷絕物資郵電往來。於是，久經停頓的剿共軍事行動，至此又再度緊急起來。

在這第四次圍剿階段中，第三國際東方部長（國際大間諜）牛蘭夫婦，在上海被捕，當場搜獲第三國際密令赤化中國、日本、菲律賓、印度、越南等計劃和其他的祕密重要文件。蘇俄得知這一消息後，立即運用外交手法，暗託各國領使紛向我國要求釋放，被我外交部加以拒絕，牛蘭見這一著不成，於是便以撒賴的方式，夫婦倆同在獄中實行絕食，企圖藉此獲得國際外交的同情，對我施以壓力，將他釋放。那時外交部、司法行政部長均由羅文榦，兼任，堅持要依法判處間諜罪刑，蘇俄於不得要領中，便又策動宋慶齡，邀同那位好好先生蔡元培和楊杏佛，四處活動，替牛蘭夫婦說情，也仍然沒有結果。於是，宋慶齡只得仗著國母——孫總理夫人——之尊，親自向羅文榦交涉，非逼使羅氏允許釋放牛蘭夫婦不可。羅文榦在無法應付下，弄得忍無可忍，乃連同司法行政部次長鄭天錫雙雙提出辭呈。結果，京滬幹各報對於應否釋放國際共諜一事，輿論譁然，紛紛加以指責，宋見勢頭不對，便悄悄離京返滬。

宋回到上海後，始終本著第三國際的指示，為營救牛蘭夫婦竟一不做、二不休，不久，便和楊杏佛等人，組織了一個「人權保障同盟」，實行為國際共諜案，向政府挑戰。楊杏佛便以「同盟」的執行委員兼祕書長，更是南北奔走不遺餘力，一面替牛蘭夫婦呼籲，一面卻替第三國際作祕密政治活動。最後，這件轟動一時的國際共諜巨案主犯牛蘭夫婦，還是由江蘇高等法院判處了無期徒刑。

當牛蘭夫婦還在審理期中，所謂共黨托派首領陳獨秀、彭述之兩人，也在上海被捕了，隨即被移解江寧地方法院公開審理。這時宋慶齡因為曾經受到輿論的指責，不便再行出面，乃又慫恿蔡元培、楊杏佛、林語堂諸人，致電中央，營救陳獨秀、彭述之。中央以共黨危害國家人民，正在水深火熱，陳獨秀雖然只是共產黨託派，但卻是中國共產黨的始祖，也是赤禍的根苗，為了國家民族的安全，萬不能放任他到處作政治活動，任何說情，一概置之不理；不過陳獨秀自被逐出中共中央後，雖然在宣傳共產主義上還是那麼一套，但他在供詞中堅決否認還有危害民國的政治活動，卻也是事實。因此，陳獨秀、彭述之二人，在初審中，各被判有期徒刑八年，並依照優待政治犯條例，執行刑期三分之一，便可省釋出獄了。

紅軍對於國軍的第四次圍剿，雖然僥倖沒有被殲滅，但他們卻深深知道，這一圍剿策略長期持續下去，最後滅消的噩運，終有一天會不可避免。經過了數次祕密討論，認為除了利用全國輿論來壓迫國府將原定的「攘外必先安內」政策，轉變為對日作戰外，別無更好的解救辦法是，於是，一面加緊策動潛伏在國府統治下的祕密份子，鼓動學生、工人掀起抗日運動；一面又策動所有左派文人，推波助瀾，造成輿論上的抗日高潮。

二十、紅軍的陰謀與政治攻勢

就在這時，共產國際方面又來了一道命令，指示著；「中國反帝國主義侵略的民族革命運動，已在全國各階層廣泛開展，中國共產黨必須把握這一有利時機，提出抗日的積極具體主張，爭取多數人民的同情與擁護，造成與國民黨的再度合作，共同抗日。同時紅軍為了要擔負這一偉大的抗日民族革命運動，以及未來爭取領導權，必須建立優良的紅軍二十萬，以為進行革命戰爭的主力。……」中共基於這一指示與情勢，乃決定以政治攻勢來粉碎國軍第五次圍剿。

民國二十二年一月十七日，中共發表告全國同胞書，呼籲全國人民支持紅軍抗日，其中最能獲得國人同情的，便是「中國人不打中國人」這句口號。這在當時說來，對於剿共的民心士氣，確實鬆懈了不小。此外，中共對國民政府又提出下面的四項要求：

一、立即停止進攻蘇區。
二、立即承認中華蘇維埃政府。
三、立即組織民眾，成立抗日義勇軍。
四、組織抗日聯合陣線，統一抗日指揮。

中共在提出上述的四項要求後，隨即密令潛伏在國民政府控制下的各級地下黨部，號召全體黨員，為實現這一革命主張而奮鬥到底。

由於江西是個清剿區，國共雙方無論政治上、軍事上的決策，都以此為中心，因此，無論是國軍方面，或者紅軍方面有何新的措施，江西便是首當其衝。那時南昌市社會局長熊國華，便利用他的師友門第等關係，活躍於國民黨政治圈中，成為一個風頭頗健的人物。而事實上，卻是中共打入國民黨中的重要份子，就在這一祕密號召中，由於傳達命令的手段太過笨拙，終於因事機不密而被捕，雖然經過幾次風潮的醞釀，最後還是繩諸以法而槍決了。

熊國華原是南昌一個世家子弟，與江西學閥熊育錫有著同宗的關係，因此，便進入熊育錫創辦的私立心遠中學肄業，他在校中不但各科成績優異，而且極其活耀，任何學生運動，總離不了他一份兒。因此，熊國華不僅是熊育錫的得意門生，同時，也成為南昌學生界中的風頭人物。那時心遠中學在熊育錫專心致力從事下，就一般中學比較起來，確是數一數二的，培植了不少的人材，無論在江西甚至在中央各階層中，到處都有著心遠學生，於是，熊育錫也就成為國內知名的教育家了。

說到這位教育家，論出身只是清末一位酸秀才，論儀表卻是一位侏儒，說起話來，期期艾艾滿口的南昌土音，乍看起來，簡直不足為人師表。可是，也有他的獨到之處，他思想很新，作事很有毅力，對於門下的學生，視同自己的子姪，凡是可以造就的人材，他必竭盡一切可能，資助他們升學，前後經他資助而成名的，如程天放、李中襄、熊國華等，都是由他一手培植的佼佼者。因之一般學生對於這位老校長，也就尊奉他如同家長。省黨部委員、省政府委員，而中央監察委員，便是由他一班得意門生捧出來的。但熊育錫也有他的缺點，便是門戶之見太深，我們從江西黨、政、教育圈中，所謂「心遠系」而言，便可說明他在江西的「學閥」勢力，足以籠罩一切了。

由於當時南昌是剿共的政治、軍事重地，對於中共地下人員，以及電訊各方面，戒備偵察得特別嚴密，等閒也不容易取得聯繫，中共在無法可想中，只好利用郵遞作為祕密通訊方法。那時南昌已實施郵電檢查了，有一次，郵電檢查人員在成堆的郵件中，突然發現了一件耐人尋味的郵包——一本繡像的《三國演義》，看看收件人姓名，卻是現任社會局長熊國華，那郵檢員略一遲疑下，覺得既是堂堂政府官員的郵件，應該不會有什麼岔子，隨即將那原件一丟，算是「拍士」過去了。不想另一位郵檢員，卻提出懷疑的意見，他認為如果是借的或者買來的書，應該是寄一整部，現在不三不四的寄上第一本，而且是半新舊的，其中便不免有著蹊蹺了，姑無論收件人是誰，我們且拆開來，仔細的檢查一下，看看有沒有可疑的地方？

兩人商量已定，隨將郵包小心地拆開，前後倒順的翻閱，也絲毫尋不出什麼破綻，兩人面面相覷了一會，隨手將書擲在案上。忽然後一個郵檢員，又發現另一可疑之處了，他指著書本說：這本書原是半新舊的，但裝訂的線卻是全新的，我們為了交卸責任，不管如何還是簽提上去，讓上級去鑑別研究。於是，這本《三國演義》便被祕密送到專家手上檢驗去了。專家們根據郵檢員簽註的意見，逐一研究後，認為確有可疑，乃將全書拆開，經過縝密化驗後，最後幾頁裝訂空白的地方，赫然顯出淺藍色的字跡——中共中央的命令，這一來熊國華的身份，和祕密任務，由於證據具在，全部揭開了。

只是熊國華身為社會局長，何以還要做共產黨呢？從他的地方關係言：他是「心遠系」熊育錫的門生，地方勢力相當大；從他的中央關係言：他是中央派來的人，而且與「CC系」方面很接近，這不但令人難以索解，即對於逮捕問題，也感到煞費躊躇了。其時蔣先生不在南昌，便由行營方面主持，星夜將熊國華逮捕了。熊育錫一聽到心愛的門生被捕消息，便以省政府委員的身份，同時，也自恃中央有人，竟倚老賣老的向省府和行營方面要人，堅決否認熊國華有叛黨嫌疑，並願以全家生命財產擔保他不是共產黨，行營方面置之不理，他便一面向省政府大吵大鬧，一面發動心遠學生罷課請願，攪到滿城風雨，直逼得熊天翼向中央辭職。後來還是蔣先生親回南昌主持，經審訊後，熊國華一一供認屬實，罪證確鑑，終於執行槍決。

這裡附帶要說明的，便是那本《三國演義》何以一經化驗便現出藍字來，似乎近於神祕性了。其實，說穿了卻是一件極普通的化學常識，原來那時中共使用的祕密通訊，只是一種極簡單的化學方法，方法是：用米湯寫在白紙上，等到米湯乾後，絲毫不現什麼痕跡，如果化驗的話，只要將那紙放在水裡一浸，那紙上便自然會顯現出你所寫的一些什麼字了。原因是，米湯中富於澱粉質，乾後便與白紙同一顏色，但一經浸入水中，起著氧化作用，那紙上的澱粉質便變成藍色，於是字跡便現出來了。只是當時中共弄巧反拙，造成自己暴露自己的祕密，既要利用書籍通訊，何以不寄全部，卻偏偏寄上一本，這豈不是有意給人以懷疑？其次，米湯字儘可寫在書的天地頭上的空白地方，何必要寫在裝訂空白處，致將舊線拆去，重訂新線，更給人以懷疑的感覺。從這些地方看來，特別顯得當時中共的幼稚了。

當熊國華罪證明確，執行槍決後，蔣先生覺得國民黨官員不顧紀律、只顧私誼的庇護共黨份子，非嚴加誥誡不可，於是通知省政府指定在一個星期一那天，要在省府舉行擴大紀念週，所有在省會的黨、政、軍文武官員一律參加，不准缺席，大家聽了這個消息，心情上都不免緊張起來。到了那天早晨，蔣先生全副戎裝，在侍從簇擁下來到省府西花廳大禮堂，他平日本是威儀赫赫的，這天，他那副嚴肅的面孔更顯得鐵青，全場鴉雀無聲地站著。當行禮如儀後，他挺立台上開始訓話，最初聲調和語意還比較和緩，漸漸聲音越講越尖銳，語意越說越威厲，訓話到了高潮，同時，全場緊張的氣氛也到了高潮，各個戒慎恐懼，連呼吸都生怕被他聽去了似的。尤其是高級官員站在前排，相距愈近，更是屏氣肅立，即使有蒼蠅站在鼻子上，也絲毫不敢用手揮一下，這嚴肅的氣氛就可想而知了。

正當蔣先生聲色俱厲講到話的主題時，突然，站在前面第二排的省政府委員林支宇喉頭似乎鯁了什麼東西一上一下，嘴巴向上張合，眼珠向上直翻，剎那間倒在站立的地上，手足痙攣顫抖著不省人事了，大家在紛亂之下，忙將他抬出去，沒有走到幾步，便一命嗚呼，施救也來不及了。也許讀者要問：林支宇究竟患了甚麼急症病，會有這樣的變故呢？這一點，筆者自然在下面要交代的。

原來林支宇早年就患有嚴重的氣管支炎，時時咳嗽不停，這時年近花甲，一受到感冒或緊張刺激，咳嗽自然加劇。他以省府委員之尊，平時即使咳嗽，倒也無所謂，可是，這回的紀念週，既由蔣先生親自主持，自己站在前面，心情又格外緊張，自然要情不自禁地時時咳嗽起來，可是面臨著赫赫威儀的委員長面前，要咳卻又不敢咳出來，只好儘量的忍住，一忍再忍，但是這種毛病，有如骨鯁在喉，非吐不可，當他到了忍無可忍而又不敢咳吐時，喉中的濃痰便將整個喉管梗塞著，呼吸便無法不頻促而終至於窒息了。因此，當他呼吸被窒息到緊張關頭，口只是一張一合，眼珠直往上翻，便正是呼吸停止前一剎那的現象。像他這樣骨鯁在喉隱忍而死的滑稽情形，也該算是官場中特有的奇聞了。

不過林支宇雖然死得這麼滑稽，身後卻也算相當哀榮，省府方面，特別為他舉行了一次盛大的追悼會，其中曾有著許多絕妙的輓聯，可惜時間已久，已無法記憶了。

二十一、抗日同盟軍與救國會

當年中共除了在各方面策動、號召左派文化人士、地下工作人員和各階層人民，造成熱烈的抗日情緒外，一方面竟又向那位假隱在泰山的倒戈將軍馮玉祥大打主意，企圖利用這些情勢，將剿共的箭頭，轉移到抗日方面去。中共這一策動，雖然沒有全部成功，卻也發生了部份效果，最低限度已將國軍第五次圍剿計劃阻延下來了。

那時馮玉祥在「倒戈反蔣」失敗後，蟄居在泰山，韜光養晦，守勢待時。當時中共對馮的估價，認為馮的軍隊雖已全部投降了政府，但西北軍是他一手創立的，對於舊部總還有其號召力，因此中共對馮的利用價值也還沒有消失。如果能和中共合作，高舉抗日旗幟，不僅可以號召其舊部來歸，而且可以影響全國民心和輿論，其作用當不在小。這麼一來，既可聲援紅軍抗日的號召，壯大紅軍的聲勢；同時亦可予國軍以重大的威脅，逼使國軍停止圍剿蘇區，甚至造成新的妥協局面。

中共根據這一情勢的分析與估計，乃決定向這位「倒戈將軍」進行策動工作，一面由中共派遣得力幹部楊曉初、劉少文前往泰山與馮洽商，一面密令華北方面的負責人員共策進行，另一面又利用以往「馮、俄暗中勾結」的關係，電請蘇俄從中協助，積極策動老馮成立抗日同盟軍與紅軍聯合抗日。當時中共中央對於派遣楊曉初、劉少文這兩個特使前往泰山，雖然不失為適當的人選外，但總覺得這兩人與馮毫無淵源，負擔這一重使命，似乎還嫌不夠份量，必須物色一個與馮有過相當關係的人物同行，才易收效，在幾度詳密考慮後，竟被他們想起了一位慣於投降靠攏的吉鴻昌來。

吉鴻昌原是馮玉祥的老部屬，當他隨同西北軍投降國軍後，便被任國軍師長，後來在民國二十年奉命進剿鄂豫皖區紅軍，因作戰不力而撤職，嗣於二十六路孫連仲部投共後，他便也師承他的老長官「倒戈將軍」的故智，再度投靠紅軍去了。但他在紅軍中，是一個不被信任而受到歧視的人物，正自抑悒、苦悶和無聊。現在突然奉到這個新的重大使命，自然滿懷高興，一口應承，而且表示對於這個任務必能完滿的達成，於是便和楊曉初、劉少文三人，隨著中共的交通人員，間道由香港轉赴泰山。臨行時，攜帶了毛澤東致馮玉祥的親筆書信和組織抗日同盟軍的全部計劃，其大要如下：

一、馮玉祥立即號召舊日部屬、於察哈爾就近成立抗日同盟軍，以馮玉祥任抗日同盟軍總司令，與紅軍聯合抗日。

二、所有抗日同盟軍的軍火、軍用物資，以及經濟等，由蘇聯援助。

三、所有華北、西北、及察、熱、綏各地區，中共所領導的軍事力量，統編入抗日同盟軍，歸馮玉祥領導指揮。

等到吉鴻昌、楊曉初、劉少文一行三人抵達泰山時，蘇俄所派的楊子康（中共派去的留俄學生），和中共在華北方面的重要幹部張慕陶，早已先後到了。馮玉祥在他們多方面的策動煽惑下，一方面由於久蟄思動，一方面由於他和蘇俄原已有過勾結，即使中共不可靠，也還有蘇俄做後台，於是抗日同盟軍總司令部，便在民國二十二年一月十七日正式宣布成立。馮玉祥也就做起傀儡式的民族英雄來了。

由於這些祕密勾當，遠非局外人所能知道，一般人民在日本軍隊蹂躪之下，基於民族大義和救國意識，以為這位「基督將軍」端的是民族英雄，一時，察哈爾鄰近各地的雜牌軍隊和地方的零星武裝，都紛紛投奔前來，一下子竟糾集了三、四萬人，參加的雖然如此踴躍，可是老馮的舊部，卻始終是敷衍觀望，無人響應，這給予老馮心理上的打擊相當重大，但這時既已騎上虎背，不幹也不行。同時，也希望藉此能獲得蘇俄真正給予械彈和經濟的援助，乃決志向察東日軍占領下的各縣進軍，這一突如其來的舉動，出乎日軍意料之外，同盟軍在一鼓作氣下，居然被他們克服了察東的好幾個縣。

馮玉祥雖然旗開得勝，但所急切企望的俄蘇軍用物資和經濟的援助，卻始終遲遲不來，使這位「民族英雄」無法支持下去，至此，他才發覺上了蘇俄和中共的大當。這時，國民政府除調集大兵進駐河北一帶外，一面又派人勸導馮玉祥懸崖勒馬，應以國家民族為重，勿以抗日為兒戲，一切抗日大計，應候中樞通盤籌劃決定，希望馮能與中央合作。老馮既感於現實處境的困難，又憾中共蘇俄不守信用，乃即退回張家口，並於民國二十二年九月宣布將察哈爾軍政大權交還中央，自己再度下野。

中共和蘇俄派往參加抗日同盟軍的楊曉初、劉少文、張慕陶、楊子康和吉鴻昌等人，眼見這位「倒戈將軍」又變了，於是便來一個緊張處置，一面將可能爭取和領導的軍隊，集中起來，以免被國軍接收過去；一面請蘇俄與中共，決定仍沿用抗日同盟軍的名號，藉抗日名義作掩護，暗中卻積極準備與國軍展開軍事鬥爭，以配合蘇區紅軍行動，牽制國軍。又推出息影已久的方振武繼馮玉祥為抗日同盟軍總司令，吉鴻昌為總指揮，率領殘遺部眾二萬餘人，直向北平挺進，聲勢仍相當浩大，可是這些軍隊，雖是臨時糾集的烏合之眾，但他們的目的是為抗日而來，一旦要他們掉轉槍頭來向國軍作戰，這樣違背初衷的舉動，誰也不太願意，再加上軍費無著，生活困難，於是沿途逃跑，等到行抵古北口時，國軍突然加以堵截，結果，俘的俘，逃的逃，全軍便被消滅了。吉鴻昌等於潰敗時，祕密逃至天津，匿居於租界內，但吉原為國軍軍官，易於識別，終於被國民黨偵緝人員捕獲，旋即解往北平槍決了。

這一戲劇化抗日把戲，結果雖然沒有演好，但中共方面卻延緩了國軍對蘇區的第五次圍剿。在馮玉祥方面，卻也因此與國民政府謀得妥協，因而出任了軍事委員會副委員長的席位。

至於策動一班左派文人，製造輿論，鼓動學生、工人掀起抗日運動，來響應中共「名為抗日，實乃自救」的號召，其中主要份子而為眾所周知的，當以沈鈞儒、鄒韜奮、李公樸、沙千里、章乃器、史良、王造時、羅隆基等人為最，他們這批人中（除了史良是女性），有的具有學術地位，有的具有社會地位，對於知識青年，確具有相當的號召力或影響力，因自號為進步人士，社會賢達。中共便利用他們這些條件，暗中加以勾結收買，在政治上做中共的外圍，在宣傳上做中共的應聲蟲。

當「九一八」事變後，全國各地的學生和工商界，都組有「抗日救國會」，或「抗敵後援會」。這些組織最初的性質，純屬一般青年學生和各界的一種救國行動，後來漸漸變質，成為中共鼓動利用的對象，這些心地純潔，頭腦簡單的青年，只知憑著一腔熱血來愛國，那裡知道有什麼政治陰謀，他們只是希望痛快地將日本軍隊逐出國境以外去。但是擺在他們面前的兩種不同的口號，政府方面是「攘外必先安內」，而所謂前進人士方面，卻是大聲疾呼「停止內戰，一致對外」，說得特別動聽，這一來，一些善良青年，便無形中墮入圈套，跟著後者的論調走了，這便是中共利用那批左傾文化人串演雙簧的成效。

他們眼見這一論調特別收效，於是更大唱特唱起來，尤其是鄒韜奮的《生活週刊》等更成為他們的宣傳喉舌，過了不久，他們更進一步的組織了「救國會」，作為中共的統一陣線，實行對政府的既定決策「攘外必先安內」，加以猛烈的攻擊與摧毀。在「救國會」中最主要的份子，有沈鈞儒；鄒韜奮、李公樸、沙千里、史良、章乃器、王造時等七人。那時政府方面既迫於外患的侵凌，又懍於內亂的疊起，正是忍辱負重的時候，對於民心士氣與輿論等行動，不但不能遏制，還要加以培養，雖然面對著這些別具用心的論調，也只能從中因勢利導，使它不要橫決而漸漸趨於正軌。後來日本方面到處尋找侵略的藉口，對於救國會特別提出抗議，強迫政府加以取締。於是，便將救國會主腦人物沈鈞儒等七人先後逮捕入獄，是即當時轟動中外的「七君子事件」。

「救國會」的這批人，明明是中共的外圍份子，但因他們的愛國論調，卻贏得一般人的共鳴，尤其成為一般頭腦簡單的青年們崇拜的偶像，他們在這次拘捕中，居然成為「愛國的君子」，文人的沽名釣譽，看來太容易了。後來到了「七七」抗戰，他（她）們這七人也釋放出來，而且被羅致為「國民參政會」參政員。

在這所謂「七君子」中，給予筆者印象最深的，便是那位女大律師史良，和那位博士王造時。在抗戰勝利後，大家復員都回到了京滬，那時王造時以國民參政員身份，居於上海。民國三十六年筆者因事過滬，一次在宴會上碰上了他，看他身軀魁梧，高視闊步，真有目空一切之慨。友人介紹這是七君子之一的王造時博士，一番客套之後，大家各自入席，酒過兩巡，王造時便高談雄辯的談起大選來，他說：「國民政府對於中共所提出的國大代表和立法委員的名額，便根本不是民主政府，只是偽裝行憲，蔣介石還是要獨裁，要做袁世凱，這是令人無法忍受的，我們且看他這總統能夠做多久？……」從開席到酒闌人倦，他就一直旁若無人的漫罵下去。散席後，筆者望著友人搖搖頭，對於這位王博士的態度，實在覺得可厭。友人慨歎的說道：「這就是古人說的山膏如豚、厥性好罵，可是他這個名便是由於罵政府得來的呢？……」

其次是對於史良，筆者在重慶，一天偕友人在街上閒逛，無意遇上了她，她便拖著我的朋友大談起參政會的事情來，也不管是在熙來攘往的大街上，說足足有半個鐘頭才分手。我問朋友這位蓬頭粗服的女人是誰？朋友伸出大拇指反問道：「大名鼎鼎的史良你還不認識嗎？」我搖搖頭說：「像這樣蠻橫粗野的女子，真也不堪領教！」朋友說：「你還不知道呢？她以前在上海當律師，還要蠻橫不講理，有時帶著兒女在大馬路上，她可以一面和你高談雄辯，一面解開衣襟堂而皇之餵奶給小孩吃哩！……」我只有笑著說：「這不愧是名符其實的解放婦女！」。

二十二、國軍第五次圍剿與中共突圍

「閩變」平定後，福建省政府改組，以陳儀為主席，第十九路軍，亦改編為「贛、粵、閩、湘、鄂」五省剿共軍第七路軍，由毛維壽擔任總指揮，乃復進行第五次圍剿計劃，以赤都瑞金為大軍進剿之中心，這時國軍的部署如下：

一、蔣鼎文以進剿軍東路總指揮兼代東路總司令。

二、陳濟棠任南路總司令。

三、何鍵為西路總司令。

四、顧祝同為北路總司令。

各路大軍於部署定後，隨即通令各地舉行勦共宣傳週，將中共在蘇區所進行的「打土豪、分田地，以及鬥爭、清算」種種殘酷事實，於各界化裝遊行中，一一表演反映出來。一面下令四路總司令於三月十一日（民國二十三年）實行總攻。不久，贛江東岸及贛西的國軍，即先後收復永豐、吉水和永新等縣，尤其是永新——老毛的岳家，在紅軍盤據了七年之久，所遺留下來的殘破農村，已是十室九空，只有老弱婦孺了。

那時南昌行營方面為使這些收復縣區的農村，能夠迅速恢復生產，一面令由「豫、鄂、皖、贛四省農民銀行」貸放借款，幫助農民重行購買耕牛、農具、種籽、肥料等，一面由別働隊人員，協助組織「利用社」，使丁壯缺乏下的農村，實行合夥耕作。此外，對於新收復縣份的土地問題，亦針對實際情形，制訂「收復區土地處理辦法」，其中最主要的一點，便是赤區農民所分受的土地，概不究問，換言之，也就是承認既成事實，維持原狀，不再去翻覆了。

再說國軍方面在總攻擊令下達後，雖然南路的粵軍和西路的湘軍，只是採取一種戰略上的抵距守勢，沒有積極攻擊，但北路方面的主力，亦即南昌行營所部署的正面攻擊的主力，卻是傾全力節節猛攻，藉著碉堡為掩護節節向南推進，包圍圈漸漸縮小。至此紅軍在對抗第五次圍剿中，已處於內線作戰形勢，由於這一形勢的不利，迫使紅軍不得不改變戰略，乃採取碉堡對抗國軍的碉堡，為了改變戰略，當時紅軍總部高級人員，集中研究了三數晚，決定了戰原則和部署，其大要如下：

一、派閩浙贛邊區的方志敏，為紅軍北上抗日先遣隊總司令，即率其所部紅十軍沿閩浙贛邊區向北突圍，另派紅七軍擔任支援並掩護，在突圍成功後，即進入浙江、皖南地區活動，以分散圍攻蘇區的國軍兵力。

二、在圍攻蘇區北面國軍尚未越過廣昌、博生（寧都）、勝利（龍岡）之線時，仍採用各個擊陂的戰略，並以廣昌、博生、勝利之線，為最後決戰地帶。

三、戰術應採取梯次集團衝鋒（即後來的所謂「人海戰術」），強攻敵軍碉堡，捕捉國軍短距離前進的機會，以短促突擊來消滅運動中的國軍。

四、如廣昌、博生、勝利之線決戰失敗，各路國軍越過該線南進時，則其合圍之勢已成，紅軍主力應亟向西南突破南康、大庾、信豐之粵軍防線，轉出國軍對蘇區包圍圈之外，造成外線作戰形勢：以粉碎國軍向蘇區圍攻之整個計劃。

五、加緊動員所有蘇區內的壯丁參軍，以充實紅軍兵源，並避免資敵（國軍）。

紅軍這一戰略原則改變後，在實施初期，對於短促突擊一著，還能發生相當作用，國軍也曾因此受到若干小挫折，但茅山道士的符咒，是無法長久靈驗的，因為國軍方面遭到這些挫折後，亦即改採慎重的進攻，每次推進前，必經過地面的搜索和空中飛機的偵察，同時，又將推進的距離縮短，每次推進五華里至十華里，便立即停止前進，就地構築碉堡和陣地，待到碉堡或工事完成後，再又逐步推進。這種步步為營、穩打穩紮的戰術，使到紅軍改用的戰略，絲毫不能發生作用，這一來，國軍的推進雖然迂緩，但包圍圈日漸緊縮，北面的國軍主力已逐漸逼近廣昌，南豐之線，給予紅軍以莫大的威脅。

到了民國二十三年三月中旬，紅軍眼見勢窮力蹙，乃發動一次大規模的攻勢，出動大部份的主力，向南豐楊梅寨猛撲，以期一舉擊潰國軍最精銳的主力陳誠部第十八軍，那時第十八軍好像是轄李默庵，羅卓英幾個師，經過了四晝夜的激烈戰鬥，紅軍終於不支而退，接著南豐又被國軍攻下，至此，紅軍原想利用廣昌，博生構築的碉堡工事，準備死守的形勢，更是一天天的不利了。到了八月中旬，紅軍又召集了一次重要的會議，決定了一個驚人的新行動，突圍西竄，一面重作部署，一面採取流竄戰術。蔣先生眼見紅軍已成了甕中之鱉，不是被殲滅，便是作俘虜，乃發布〈告紅軍頭目及士兵書〉，表示這是在聚殲前最後的一次自新機會，也可說是一種心理攻勢。

十月中旬，國軍的北路和東路兩線的進剿部隊，奉到了總攻擊令，全線拚命的向紅軍最後防線廣昌，博生兩縣猛攻，雙方戰鬥進行得非常慘烈，結果，廣昌，博生兩縣終於克復，這時紅軍在形勢上已到了非突圍不可的階段了。為便於主動突圍起見，立即派遣原在贛西北的蕭克這一師，先行沿湘、贛邊區竄入湖南的藍山、嘉禾、永明，再進入廣西的灌陽，並將蕭克這師擴編為第六軍團，蕭克任司令，任弼時任政治委員。此外，又將準備突圍的主力軍，守備軍從新加以編組，並決定突圍與留守的作戰部署如下：

一、紅軍主力改編為野戰軍，從贛縣以南向大庾、信豐間山區地帶，突圍西進，轉至湘西地區後，即向湘西南國軍之外圍，採取攻勢作戰。

二、以紅軍的一部和地方獨立師、團的大部，編為中央蘇區守備軍，留於中央蘇區繼續作戰，以牽制國軍，掩護紅軍主力突圍。

三、紅軍第一、三、五軍團及紅八軍、紅九軍全部編為野戰軍，中共中央及蘇維埃中央政府各機關，均隨同野戰軍行動（總計全部人數約十萬人）。

四、以紅軍第二十四師，三十七師，紅軍野戰炮兵團，和江西、福建兩省獨立師、紅軍幹部學校、軍事委員會特務團，編為中央軍區守備軍（總計人數約三萬五千人）。

五、閩、浙、贛邊區方志敏部，因北上突圍不成，仍歸中央軍區指揮。

六、紅軍各單位首要人員亦從新調整如下：

軍事委員會主席周恩來（兼）

國家政治保衛局局長鄧發野戰軍總司令朱德

參謀長葉劍英政治部主任王稼祥

中央軍區司令員項英（兼）

參謀長龔楚

政治部主任陳毅

國家政治保衛局分局長譚震林

野戰軍總司令部分設六局，第一局主管作戰，第二局主管情報，第三局主管教育，第四局主管後勤，第五局主管通訊，第六局主管游擊作戰。

十月下旬，紅軍在國軍節節進逼，重重包圍下，周恩來、朱德等乃率領野戰軍十萬人，衝破了五道防線，經過粵北、湘南、桂北、貴州、滇邊、西康、四川、甘肅，而迂迴曲折竄至陝北延安，茫茫如喪家之犬，急急如漏網之魚，途程二萬五千餘里，歷時一年又三個月。這一軍事冒險居然僥倖成功，這在中外古今戰史上，是很少有前例的。不過中共這一軍事行動，一方面是逼於形勢不得已，一方面卻也經過周密的考慮的。當時國民政府雖說北伐成功，號稱統一，但事實上，中央與地方當局卻是同床異夢，各懷鬼胎，最顯明的事例，如「西南政務委員會」的寧粵雙方的對峙局面，除西南這個畸形的局面外，他如雲南的龍雲，貴州的王家烈，以及四川的劉湘、鄧錫侯，西康的劉文輝等人，無一而非對南京中央貌合神離，互相猜忌。中共在江西既已無法立腳，也瞭然於那時的複雜微妙的矛盾情形，遂不得不毅然冒這大危險，來死裡求生了。

那時廣西是桂系李宗仁、白崇禧等的天下，他們正在獨自為政，埋頭從事廣西地方建設，對於外來的武力侵襲，自然感到切膚之痛。當蕭克的第六軍團逼近廣西省境時，桂林僅僅駐第七軍第十九師周祖晃部一師兵力，其餘只有陳恩元所指揮的桂林民團而已，僅憑這些兵力，自然是不容易堵拒那「困獸猶鬥」的蕭克部隊。當蕭克所部竄至桂林附近時，李宗仁乃急調駐防柳州的第七軍軍長廖磊率領二十四師覃連芳部星夜開至桂林增援，可是蕭克的部隊行動非常敏捷，覃連芳尚未到達桂林時，蕭克的部隊已急悄悄的越過了資源而竄入湘境的綏寧了。

此外，廣西又出動新成立不久的空軍，協助偵察紅軍行動，也曾扔下過幾顆小炸彈，但不知如何，廣西的飛機，居然被共軍用機關槍擊落了一架，飛行員韋淳傑、沈瀛兩員陣亡，這對廣西當局似乎有點難為情，負責追剿的第七軍軍長廖磊是一員能與士卒共甘苦的猛將，睹此情形，亦感難堪，便聲言如不將蕭克所部消滅，誓不甘休。迅即傳令第十九、二十四兩師部隊啣枚疾走，跟蹤追擊，務要報卻「擊落飛機」之仇。大隊桂軍經湘西的通道，過貴州的黎平，沿途除得到湘軍李覺、陳光中兩部曾與共軍在湘黔邊區的中朝所山地有小接觸的消息外，第七軍從未追上共軍，根本見不到共軍的蹤跡。但廖軍長雪恥心切，仍嚴督所部繼續窮追，追到黔東地方，因人煙稀少，大部隊行動，已無法隱蔽，經過一個短時間的搜索，終於在黔東劍河縣的大廣村，發現了共軍宿營地就在前面不遠的村落。當即傳令所部作攻擊部署，定於當夜十二時開始出擊。

共軍的行蹤既已暴露，無從閃躲，亦只有出盡死力與第七軍硬拚，經過數小時的激烈搏戰，共軍傷亡近千，天未破曉，蕭克所部即放棄抵抗，四散逃走，脫離了桂軍的射擊範圍。廖磊殺得性起，下令啣尾窮追，就這麼馬不停蹄的追了兩個星期，才又在石阡、餘慶間的大青山與共軍遭遇，再經這一次痛擊，蕭克之眾已潰不成軍，蕭本人乃率領殘部三、四千人繞道逃向湘西投奔賀龍去了。

二十三、爾虞我詐給紅軍漏網機會

當時廣西部隊若不因空軍飛機被共軍擊落，要挽回一點面子，恐怕也不會如此拚命窮追不捨，蕭克之敗潰，只能說是蕭克活該倒楣，否則悄悄過境，兩不相犯，又何至損兵折將至此！筆者之作是言，絕非無的放矢，當時的情勢，確屬如此！

竄入黔境的蕭克所部，既被桂軍追入黔境將之擊潰，貴州地方遂得以安然無事，軍民皆大歡喜，當時貴州省主席是王紹武（家烈），他自民二十一年擊敗毛光翔，驅走猶國才以後，中央即加任他為貴州省主席兼二十五軍軍長，他表面上是服從中央的，其實骨子裡是傾向粵桂的陳濟棠與李宗仁，此次第七軍能夠在黔境肅清共軍，使貴州不受蹂躪，不動干戈，王家烈自是衷心感激，特派人員攜帶大批慰勞品到鎮遠犒賞第七軍全體官兵，藉表謝意，計官兵每人得銀洋一元，白手巾一條，高級官長則有茅台酒、白木耳及土產品等禮物。王主席的這一行動，在當時中央與地方各自為政的敵對情勢下，很可能引起中央的不快和看不順眼的。

蕭克所部在黔境雖被桂軍擊潰，而中共既定的整個西竄計劃，並不因此而中止，同年十月，周恩來、朱德、陳紹禹、林祖涵、董必武、王稼祥、秦邦憲以及毛澤東夫婦等（這是沿途中共所貼佈告所見的名字），統率贛南赤區黨政人員及十萬紅軍相繼傾巢而出，路線仍沿著蕭克所經的老路行動，先頭部隊是劉伯承與少年先鋒隊，右側衛為林彪，殿後部隊則是彭德懷，共軍起身後，中央在江西圍剿的部隊也跟著移動了，但經過事後各方所得的情報，中央軍那時雖已派何鍵為追剿總司令，但其行動的主要目的，並不是向共軍追擊或堵截，而是採用「一石二鳥」政策，想以大部隊力量壓迫中共由贛南偷襲粵北南雄下曲江而直趨廣州，先將僵持難決的「西南政委會」所在地廣州解決，使兩廣失去發號施令的憑藉，第二步再徹底解決共軍。因為中央方面的智囊與謀士們，彼時都認為朱、毛之眾，久困贛境，已勢窮力蹙，不過是國家疥癬之疾，兩廣桀傲難馴，妨礙統一，且使西南其他各省，動搖觀望，才是國家心腹大患，既不便下令討伐，若長此對峙下去，全國將永呈分裂之局，因此，中央方面抓住這一時機，定下了兩個錦囊妙計：一是針對廣州的「西南政委會」；二是針對廣西李、白的腹地柳州，作出有計劃的安排。但第一個計劃以種種變化，無法實現，乃再採取第二個步驟，欲壓迫共軍由湘南襲擊桂北灌陽、恭城、荔浦直攻廣西腹地的柳州。此計如能實現，則中央部隊將可在剿共的軍事行動下，順理成章地開進廣西，這確是最理想的一個辦法。

可是朱、毛也是打江山的人馬，他們在流竄中已看出中央軍的動作與用意，豈肯自尋死路的墮入這個預佈的陷阱？所以朱、毛之眾反以急行軍的步伐，迅速通過廣西的灌陽、興安、全州、資源各縣而竄入湘境的綏寧，在廣西並未停留一日。當時曾盛傳共方曾派出高級人員到桂林向廣西當局請求假道，至於有無其事，則非局外人所得而知。然而共軍大部隊經過桂境時馬不停蹄，秋毫無犯，確是事實。嗣後中央方面於是年十一月給李白的真電，曾指責廣西當局縱容共軍通過。但當時的廣西當局卻以為：不准通過又有什麼辦法？難道要廣西的軍隊孤注一擲，和共產黨死拚？這情形在當時而言，中央與廣西當局，是「公說公有理，婆說婆有理。」但今日痛定思痛，重提舊事，則袞袞諸公，似皆不能辭「以私害公」之咎！

迨朱德統率的野戰軍全部竄進黔東地帶以後，中央方面即派顧墨三（祝同）、薛伯陵（岳）兩軍率領中央軍周渾元等部開入黔境，繼續追剿，並繞道先行進駐貴州之省會貴陽，一方面責令廣西部隊嚴守桂境，不得擅入貴州。而此時共軍行動亦稍見弛緩，徘徊於鎮遠、施秉、鑪山、重安江之線，並未敢進窺貴陽，及獲知貴陽已被中央軍所進駐，始再集結隊伍直趨息烽而渡過烏江，陷遵義，攀越七十二灣的婁山關而竄抵桐梓，大有襲四川綦江之企圖。其實朱、毛這一動作，乃係聲東擊西，旨在擾亂對方的視線，其真正意向，當時誰都看不出。

這時毛澤東雖仍擔著中華蘇維埃中央政府主席的招牌，但因他還在「留黨察看」的處分期中，最後突圍的中共中央會議，他根本就無資格參加，只有攜著妻子賀子珍、毛岸英雜在中央政府各機關的人群中，默默地隨著奔竄，其處境的艱苦，心情的悽愴，是不難想像的。但毛澤東畢竟是久經鬥爭，陰謀老練慣於利用機會的人，他眼見紅軍主力西竄的損失慘重，和許多幹部對於西竄之役不滿的情緒，便隨時準備採取報復手段，也隨時準備奪取中央領導權。

當民國二十四年一月中旬，紅軍乘虛竄擾了貴州遵義，長途奔逃，一直沒有喘息的餘暇。於是，便在遵義逗留了十一天，在這期間，毛澤東認為有利的時機來臨了，便召集了一個中央政治局擴大會議，利用著一般幹部怨憤的情緒，以及他和紅軍老幹部長期的歷史關係，來「檢討」突圍失敗的責任，對中央留俄派的秦邦憲諸人，展開了無情的鬥爭，使到那群面對著失敗事實的留俄派諸人，已無法拿空言來抵擋這淩厲無比的攻擊，結果，這個會議雖僅撤換了中共中央總書記秦邦憲的職，由張聞天來繼任，但毛澤東數年來鬱結心頭的憤恨，不但得到了痛快的發洩，而且恢復了他在黨中央的重要性，從而又取得實際的領導權了。

毛澤東在江西這六、七年中，從六、七百枝破爛的槍桿而擁有十餘萬眾的紅軍，可是也經歷千磨百折的艱險鬥爭，而對黨外、經過了五次的圍剿，對黨內、經過了三次的鬥爭。第一次對陳獨秀，第二次對李立三，第三次對秦邦憲，而最後的「遵義會議」，又居然被他勝利了。而且奠定了他以後成功的基礎，成為中共中央集黨政軍領導權於一身的人了。我們試一推究這些主要原因，不外下述兩點：第一，湖南同鄉的有力支持，如彭德懷、任弼時、滕代遠、劉少奇等；其次是得力於井崗山那批老夥伴的支持，如朱德、葉劍英、林彪、鄧發等是。這幕路轉峰迴、移宮換羽的鬥爭，便是中共大書特書的「遵義會議」，也是毛澤東生命史上最驚險、最否塞而出現的奇蹟。

中央追剿的大軍既進抵西南，因兩廣及川滇各省，皆為中央政令軍令所不及之處，在行動上，不免煞費周章，而西南各省的地方當局，對中央的一切措施，亦疑神疑鬼均抱著戒慎恐懼的心理。可以這麼說，中央方面似抱有藉追剿共軍之便，善為運用，能一舉而解決西南各省的現勢，以謀求統一；而各省地方當局，則看到中央的這一著棋，誰也不甘讓中央在西南坐收漁人之利；如此一來天大的便宜，無形就落到朱、毛的頭上了。進入貴州的中央軍除了部署一番之外，並由賀國光等將領率領的軍事參謀團，飛赴重慶，說是為了討論剿共策略，特召集四川各將領如劉湘、劉文輝、鄧錫侯、田頌堯、楊森、王瓚緒等來重慶開會，最主要者是想暗中觀察各人對中央的態度如何。結果他們對於中央剿共的號召，誰都不敢反對，大家一致表示接受中央的指揮，但如中央軍想開進四川的話，他們都堅決表示拒絕。等到共軍竄抵貴州的桐梓、松坎迫近綦江之際，劉湘的部隊已先行集中津江、綦江一帶，以防萬一。

共方知道川中有備，恐不易通過，一時頗感到前無去路，後有追兵，乃又以閃電行動，決定以遵義殿後部隊，迅即回師反撲，居然將入黔的中央軍周渾元部及貴州軍第二十五軍擊潰了，二十五軍副軍長侯某被俘。當時蔣先生已飛臨貴陽，除即任命薛岳為貴州綏靖主任外，同時將貴州省主席王家烈扣留，用飛機押解漢口聽候訊辦。另發表吳忠信繼任貴州省主席。貴州的軍政大權，瞬即歸於中央。王家烈被扣後，西南各省當局為之震動，愈亦加強戒心，情勢越弄越糟。

且說廣西部隊當時既不能進入貴州參加追剿，第七軍廖磊所部乃陳兵黔桂邊區的三江縣暫駐待命。猶憶中央軍初進駐貴陽的消息傳到南寧時，李、白即已測知王家烈的未來凶多吉少，如此發展下去，對於廣西亦處於不利地位，在王家烈尚未被扣之前，廣西方面即不顧一切，急電催第七軍由三江連夜兼程向貴陽前進，經榕江、都江、三合、八寨而到達都勻直迫貴陽。此時第七軍向黔境挺進，名為剿共，實際是為增援王家烈的軍事行動，全軍開抵都勻時，已得到中央軍在貴陽以南的龍里、貴定一帶佈防，並在馬場坪構築工事。不用說，大家都明白這是準備對桂軍作戰的部署了。

當時「西南政委會」的一班元老，眼看中央方面如此布置，分明不是剿共而是消滅地方力量，曾予通電痛斥，並著陳濟棠調派第二軍張達部由廣州水運上柳州，再由柳州登陸經宜山、河池、南丹運入黔境的獨山，隨同桂軍併肩作戰。兩廣與中央搞到如此劍拔弩張，內戰似已不能避免，同時雲南方面的龍志舟（雲）也陳兵滇東的曲靖、霑益之線，亦聲言反對中央軍不得藉口剿共進入滇境。

這時共軍雖在倉皇流竄中，但他們的情報消息，也靈通異常，對中央方面的意圖以及滇黔桂地方部隊的動向，皆能瞭如指掌，共方當時已意識到不會再有遭受敵方追擊或圍剿的顧慮了。所以共軍竟從容不迫的由貴陽以北的息烽、修文、清鎮繞道滇邊，偷渡金沙江，進入西康的會理。太平天國的翼王石達開屢渡金沙江不逞，朱、毛的共軍居然渡過去了，石達開於地下有知，當亦會叫聲「慚愧」吧！至此，共軍已完全脫離所謂追擊部隊的範圍。及到達川北的懋功、清化，已是共軍同路的張國燾、徐向前的根據地。在此休息補充了一個短時，然後再繼續北上，經甘肅而抵達陝北延安，沿途因給養困難，及經過蠻煙瘴雨的崇山峻嶺，士兵落伍及病亡率相當大；尤其在松潘地區，因迷途誤陷入荒無人煙、草深沒膝的沼澤中，死亡達五、六千之眾，後來到延安，不過剩下孱弱不堪的三萬多人而已。

當共軍通過川陝甘一帶，中央軍雖仍在跟蹤追擊中，但已等於放風箏線放得太長了，一時怎麼也收不回來了。總之，共軍於脫離贛南老巢後，不論在粵在桂，尤其在黔東地區，倘中央與地方當局能同心協力，進行追剿，欲將之一舉而盡殲之，真是易如籠中捉雞，哪裡會弄成今日大陸這個局面？中華民國所以會遭逢到歷史上空前的大劫，是天意？抑為人謀？只有讓後世史家去評判好了！

二十四、政治保衛局的無上權威

在中共中央由上海遷到瑞金成立蘇維埃政府後，中共便正式成立了政治警察制度，這一制度的組織內容，是完全仿照蘇俄。其最高機構，便是國家政治保衛局，在名義上，隸屬於「中華蘇維埃中央政府」，但實際上，則直接受中央政治局的指揮，成為中共對內的唯一最具權威的特務機構，其主要任務是：防止和取締反革命份子的活動，鞏固蘇維埃政權，監視全體黨員、各級幹部和蘇區的人民。它的權力，是代表中共中央隨時執行拘捕、審訊和處決每一個它所認為有反革命嫌疑的人們。除了黨的最高級人員的處置，須要報告中央政治局審查決定外，至於中下級幹部和一般人民，便由它全權處決。因此，這一機構是具有無上權威的特務組織。

國家政治保衛局的組織系統，自中央而下，又設有省、縣分局，鄉村特務員，和各級機關部隊特務員。對於任務的執行，藉各級黨部和各級蘇維埃政府經常密切的連繫，以聽取各方面有關的反革命份子所有活動的情報，並充分運用黨員為其實施調查工作的細胞，使他們在各機關、各部隊、和鄉村中每一角落，監視著每一個幹部和人民，而且還互相監視。

這個機構要逮捕幹部或人民，多數是在夜間，執行時也往往不說明罪嫌和理由，唯一的說法，便是「保衛局請你去問話」，說完便把這人帶走，要想反抗那是絕不可能的。被傳去問話的人，從此便告失蹤，但決不會宣布任何罪狀或透露任何消息。

在中共的任何各級幹部中，一提到國家政治保衛局，便有如「談虎色變」不寒而慄，他們對這個組織，比作一個恐怖的魔影，時時刻刻跟隨著他，使他從生存到死亡，始終在它的控制中，永遠無法擺脫。即使他是一個具有極高的權力地位的要員，但侍候在他身邊終日不離左右替他服役的特務員，便是隨時隨地直接控制他的特務。

當中共決定突圍時，為了鞏固強化紅軍的組織，保障突圍時不致有逃亡或投降的軍政幹部和洩漏軍事機密，對於各級紅軍和蘇維埃政府中的各級幹部，曾經特別執行過一次大規模和最嚴格的整肅運動，在這個運動中，被撤職查辦的幹部達數千人之多，並特別在瑞金的九保、麻田等處，設立了十幾個變相的集中營。

同時，中共為了要處置這一大批的被指為動搖份子和殘餘的反動階級，又特別選在瑞金縣北與雩都交界邊區的深山窮谷中，設立了一個特別軍事法庭，距離這法庭不遠的去處，有一條二、三丈寬，四、五丈深的山澗，澗上架設著窄窄的木橋，橋下亂石縱橫，荊棘叢生。這一地區，平日已是人跡罕到，這時更是全部被封鎖了。

自從特別軍事法庭成立後，那集中營中收容的好幾千的動搖份子、反動階級，便三五成群，一批又一批的，經過這道木橋押解到特別軍事法庭去審訊，事實上，這並不是審訊，只是宣判和驗明正身，法官對犯人也用不著瑣碎地訊問口供，只是對犯人宣布說：「你犯了嚴重的反革命錯誤，革命的隊伍裡不能容許你，現在送你回老家去！」說畢，便由那揹著大砍刀的警衛人員，仍然一個又一個的押回到這座木橋上，犯人身不由己的在前面行，背後的警衛人員便出不意的向腦後一刀砍去，結果了他的性命，隨即飛起一腳將屍首踢落到橋下深澗中去了。

在最初時期，將屍首踢落到橋下去後，還要爬些泥土撒下去掩蓋著，後來殺得多了，連泥土也不及掩了。到了這深澗被填滿了屍體後，中共又來一種更殘酷的死刑，便是由犯人自己掘坑，掘好後便將犯人一刀殺掉，即埋在犯人自己挖掘的坑中，甚至還有活埋的。

像這種實行對自己幹部的大屠殺，在歷史上是罕有前例的，而這一慘劇，直鬧到紅軍突圍西竄以後，才告收場，在國軍收復蘇區的幾個月後，這一超歷史性的大屠殺，才被人發現，而所謂「萬人坑」這個恐怖的情形，才被世人所揭露了。

在這次數千人的大屠殺中，當年投共立功的國軍二十六路孫連仲部的季振同，便遭到了這次悲慘的命運。本來季振同在投降後，中共派他擔任第五軍團的總指揮，雖然實際權力係操在中共黨員趙博生和董振堂手中，但中共在表面上對他還算客氣，可是，在調整第五軍團的幹部人事時，他竟和趙博生、董振堂發生了意見衝突，原因是季振同主張以原任警衛旅的國長黃宗岳升充師長，趙博生卻極力反對，並說他不顧革命利益，培植私人派系，結果，黃宗岳官未升到，卻連原有的團長職權，也被撤去，調為總指揮的副官處長。於是，季、黃二人便深深感到「飛鳥盡，良弓藏」，有時不免流露一兩句怨望的話。趙博生便將這些情形密報上去，中共深恐季、黃翻覆，立即將他們二人調到瑞金，安排在一個鄉村中「讀書」，讓他們去研究馬克思學說，實際上，即是被「軟禁」起來，到了民國二十三年十月，紅軍在大屠殺中，季振同與黃宗岳，便被認為不能容許在中共的革命隊伍中，而被葬送到「萬人坑」內去了。

共產黨是不許有溫情主義的，不要說國軍降將季振同只是中途投共的人兒，便是從黃埔軍校中即參加中共的祕密組織，所謂革命鬥爭歷史相當悠久的人，也一樣隨時有被國家政治保衛局殺害的可能，像紅十二軍參謀長林野便是一個實例。

林野是福建龍岩人，在黃埔軍校時即已參加了中國共產黨為黨員，紅四軍在湘南成立之初，他便擔任該軍的少校參謀，不但是革命老同志，而且是紅軍的元勛了。由於他的家庭成份是地主階級，中共對他始終是不信任。當民國十八年，朱德率領紅四軍攻陷他的故鄉龍岩時，他的父母便在當地共幹清算鬥爭下被殺害了，同時還要求朱德將林野送交地方處決，結果，被朱德拒絕了，而且還將當地共幹痛斥一番，於是林野仍留在紅軍中工作。

後來紅十二軍在福建成立，由李明瑞任軍長，譚震林任政治委員，林野便調任參謀長，林野是個胸無城府、個性率直的共黨青年軍人，在無意中竟得罪了陰險詭詐的譚震林，結果被調到紅軍學校受訓，也種下了後來被殺的禍根。

當紅軍主力決定突圍時，林野本又調到野戰軍總司令部任參謀，但因他腳部曾負過重傷，行動困難，朱德顧慮他不能遠行軍，便叫他留在中央軍區工作。當他回到軍區司令部時，他的妻子剛在上海大夏大學畢業，從福建跑到瑞金來和丈夫團聚，久別勝新婚，這對青年夫婦的心情，自然是極其歡愉的。他們在瑞金歡聚數天，便雙雙到軍區司令部報到。次日，譚震林便向軍區負責人報告說：要請林野回家去！負責人一時誤會，還以為是要將林野調回他故鄉龍岩去做地下工作。譚震林卻獰笑著說：不是要他回龍岩，是要他回老家去？停頓了一下，譚震林接著又嚴厲的說：林野同志素來思想不大正確，立場也不堅定，同時又是個反革命的地主階級，中央早已對他懷疑，在這艱苦鬥爭中，我們再不能容許他混在革命隊伍中，我已經請得上級的同意了！

第三天下午，軍區約林野面談工作的安排，並請他倆夫婦吃過晚飯後去到差，林野夫婦興高采烈的雙雙赴約，作陪的有項英、陳毅、龔楚等一共五人，大家心知他倆夫婦進的是最後一次晚餐了，但誰也不敢救他，也不敢說出來。到了快要終席時，龔楚終於忍不住說道：林野同志！今晚前去到差，還有十多里路，天已黑了，這裡有空房，讓你嫂子多留一晚，明天再派人送去吧！他這句話，目的是既然救不了林野，也應該救救這個無辜的女人。坐在旁邊的項英和陳毅，也領會到龔的深意，便附和著說：這意見很好，林嫂子就多留一天好了！可是林野夫婦並沒有領悟到這個生死關頭，竟婉言的謝卻了。

晚飯後，林野夫婦在兩個揹著馬刀的特務員護送下，雙雙啟程，走了十里路的光景，正是一座山腳下，兩個特員做了一個手勢，彼此將馬刀拿在手中，由一個姓黃的搶前兩步，舉刀砍向林野時，林妻發覺了，不禁雙手撲向前拖住姓黃的不放，這時林野也發覺了，立即拔步逃跑，但終因腳部負傷，不到百步便被那姓朱的特務員追上了，一刀劈向林野的頭部，劈下半邊腦殼倒下了。這時，林妻也被那姓黃的殺死了，夫婦雙雙去到鬼門關。

任何一個政治組織，要處決一個幹部，總應該莊嚴地明正他的罪刑，像這樣陰狠慘毒的暗殺手段，不但罪及妻孥，還要串演這幕滑稽戲，可說是千古少有的了。這一消息傳出後，紅軍中無論高級或下級的幹部，都感到人人自危，在這種高度恐怖氣氛中，大有不知死所之概。

二十五、十室九空的中共蘇區內貌

紅軍的主力突圍西竄了，遺下來的蘇區，便由中央軍區繼續鬥爭和發展，他們當時對付國軍的圍剿，決定兩個作戰原則：

一、如果國軍仍以大兵團向蘇區圍剿時，紅軍即依據贛、閩邊區的武夷山脈轉移戰場，與國軍進行游擊戰，以求保全實力，待機再繼續鬥爭。

二、如國軍進攻蘇區的兵力不大，紅軍有將其擊潰的把握時，即集中力量，轉為攻勢決戰，各個擊破敵人，以保有蘇區的領土。

這兩個作戰方針決定了，但國軍對於紅軍的突圍，除了抽調一部份預備隊的國軍，啣尾追擊，以及命令何鍵部的湘軍，陳濟棠部的粵軍，李、白的桂系部隊進行攔截追擊外，其戰場正面的國軍，依舊是向前節節推進，並沒有絲毫放鬆。中共中央軍區面對龐大的壓力，不用說在兵力上無法抗拒，便是人力、財力、物力種種作戰資源，也都無法負荷，於是，也只好步著紅軍的後塵，突圍逃竄了。

這時，所謂「中共中央蘇區」占據的地區，僅有江西的瑞金、雩都、會昌、石城等五、六個縣和福建的長汀縣。這些縣份，雖然是山多田少的地區，但在紅軍未竄據以前，人民總是安居樂業的。這一地區，位於贛、粵、閩三省的邊區，有武夷山脈連接九連山脈的廣大山區，在地理環境上是一個絕好的游擊根據地，較之以前的井崗山，只有軍事上的優越地形，而沒有軍事上的戰爭資源，不知要好上若干倍。因為這個地區雖然是山岳地帶，但農村經濟，是足以自給自足的。它的大宗農產品如稻穀、木材、紙張以及副產品的猪、牛、雞、鴨等，每年經由會昌的筠門嶺（那時還沒有公路），廣東的平遠，而運銷於潮州、梅縣；和由福建的上杭而運散於大埔韓江一帶，以換取他們所需的布匹、食物以及生活日用必需品。

自從「朱、毛紅軍」進占這一毘連地區後，便積極展開所謂「蘇維埃運動」，打土豪、分田地，擴充紅軍，成為廣大的新蘇區。但這地區，究竟還是個落後的農村，要它負擔這筆浩大的軍費、給養等等，是無法勝任的。何況在初期紅軍只有約四萬人，而紅四軍、紅三軍還經常向江西的吉安、永新和湖南的郴縣、宜章等縣打游擊，藉游擊的打家劫舍來養軍隊。可是自從民國二十年國軍開始對紅軍圍剿後，紅軍不能不全部集中於蘇區，以對抗國軍的圍攻，於是，軍費的支出也跟著浩大了。中共為了應付事實上的需要，乃以農產品實物作為準備金，開始發行「蘇幣」，中共以「蘇幣」向農村低價收購物資，人民以「蘇幣」代替實物繳納各種捐稅，發行的初一年，在中共的高壓控制的下，蘇幣還能夠維持相當信用。到了中共中央蘇維埃政府成立後，由於各級機關的新成立和紅軍的繼續擴充，政費、軍費的支出，也隨之大量增加。同時，由於國軍對蘇區的封鎖加強，蘇區原與外間的物資祕密交流活動，幾乎全部窒息了。尤其是必需向白區（國軍轄地）套取的食鹽、布匹、火柴等，更感到困難了。

但戰事仍在不斷地進行，支出只有增加，於是，只有向蘇區的人民身上打主意。然而農村的生產，由於壯丁大量的參軍，或調充赤衛隊、少先隊、運輸隊，日夜分布在山上和路口，擔任放哨、盤查或運輸工作，一般農民幾乎沒有時間從事耕作，又只好強迫那些婦女、小童和早已脫離生產的老年農人來擔任。這樣一來，耕耘既然不力，肥料更加缺乏，在這種種情況下，生產便大大的萎縮了。到了紅軍突圍時，中共更加緊的統制糧食，在秋收後，每人只許存留稻穀一百斤，其餘的全部由中共照低價收購。

中共突圍時，除帶走了紅軍外，還抽調了五萬多壯丁擔任運輸工作，這時的蘇區，支持了紅軍五年零九個月的戰爭，再也找不到一個五十歲以下的男丁，即十歲以上的兒童亦不易多見了，殘留在蘇區的只是一些鳩形鵠面、臉黃肌瘦的婦女和垂死待盡的老人。這些經過了五、六年的鬥爭、屠殺和擔任著「超負荷」、「無代價」的奴役們，在國軍來時，既要「空室清野」，在紅軍回來時，又要歡迎慰勞，以至於買公債、獻金買子彈、慰勞傷兵、慰勞紅軍家屬……在一次又一次的壓搾下，人民的存糧金錢，全搾乾了，在一切貢獻於革命戰爭的口號下，連番薯、青菜也得向紅軍捐獻，不得自由享受。本來人民每日三餐飯是足以溫飽的，後來，三餐變為兩餐，兩餐又變為一粥一飯，有的只吃雜糧，甚至挖草根來維持生活。到了紅軍突圍時，每個農民的家中，所剩下的還不足二、三十天糧食，農村經濟，固然徹底崩潰了，即人力物力，也全部精光了。

蘇區的一般婦女們更是痛苦，在十萬紅軍十萬雙鞋的口號下，全部分派由她們義務縫製，白天下田代替男子們耕作，晚間又要趕夜工替紅軍縫布鞋，熬夜還是小事，最苦的是無錢買鞋料，甚至有錢也買不到，不少婦女因此將僅有的糧食賣掉，來購買鞋布，忍饑捱餓來慰勞紅軍。

中共對於蘇區的統治，強化極了，人民由甲村到乙村探訪親友，也要蘇維埃政府主席批准，發給「路條」，否則不能通行。彼此也不敢多談話，因為偶一不留神，便要被戴上「反革命」的帽子。在共幹捐錢派糧時，絕不敢違抗，如果稍一表示不滿，那便是「不革命」，照辯證法的邏輯來說「不革命便是反革命」，試問誰還敢去冒殺頭的危險？

中共自民國二十二年，實行消滅地主的土地政策後，農村的階級鬥爭愈趨嚴重，清算一次又一次，殺了一批又一批，有時連紅軍幹部的家屬，也逃不了這個浩劫，像江西獨立師長楊遇春，是瑞金武陽圍人，雖然參加紅軍成為師級幹部，但結果卻是家破人亡，他的父母伯叔都遭到清算而被處決，房屋財物全被沒收。楊遇春在憤恨交加下，冒險逃出了蘇區，向國軍投降。後來參加戴笠的「軍統」，抗戰中期，擔任過江西緝私處長，現任台灣全省保安司令部警衛團團長。

此外，如無產階級出身的紅軍第九軍軍長孔荷寵，也因不滿中共的殘酷的清算鬥爭，在紅軍尚未突圍前，也逃出蘇區投降國軍了。至於紅軍的中下級幹部，逃亡投降的更多，有的投向國軍，有的走到地方政府去自首。因為，中共對農村中的清算鬥爭，實在太殘酷了，對於所謂地主階級，在未殺之前，使用各種嚴刑拷打，來勒索金錢財物，等到敲搾淨盡，才加以屠殺。在「斬草除根」的口號下，被指為豪紳地主階級的家屬，連在襁褓的嬰孩也不免一死，這便是中共的「黨性」與「人性」了。

二十六、毛張分裂與徐向前劉子丹

毛澤東自從「遵義會議」後對於奪取中共中央的領導權，雖已獲得鬥爭初步的勝利，但由貴州繞過四川、西康進入川北，和紅四方面軍會合後，卻又遇上了另一勁敵張國燾。原來張國燾、徐向前在國軍第四次圍剿時，即率領著紅四方面軍由豫、鄂、皖蘇區竄至川北，那時紅四方面軍全部兵力約有三萬人，幾等於「朱、毛紅軍」野戰軍的一半（由於紅軍在西竄時，沿途傷亡疾病的損失，至此僅剩有六萬餘人），其實力亦自不可輕侮。那時，張國燾不僅是紅四方面軍的領導人，而且還是紅軍全軍總政委。至於黨的歷史和資格，老毛卻是難望其項背的，當陳獨秀擔任中央總書記時，張國燾便是黨中央組織部長，這時毛澤東還是湖南省委會隸屬下的前敵委員會書記而已。

民國二十四年六月十六日，毛、張在懋功會師後，毛澤東的軍事決策，便必須得到張的同意，才能發號施令。六月二十四日，毛張兩方面即在懋功附近的兩河口，舉行「兩河口會議」，八月五日行抵沙窩，舉行「沙窩會議」，八月二十四日到達四川松潘縣，又在縣城西北與甘肅東南交界處的巴西，舉行「巴西會議」，旋又舉行「毛兒蓋會議」，共同商討前進路線的問題。在這幾次會議中，張國燾始終反對毛澤東的漫無目標的逃竄主義，主張應在川康一帶建立根據地，藉以穩定局勢。但毛澤東表面上堅持藉抗日為名，繼續北上，而心目中卻是投靠陝北的劉子丹、高崗。雙方面經過了多次的激烈爭論，都無法統一，結果決裂分為左右兩路軍，分頭前進，朱、毛所率領的紅一方面軍，稱為右路軍，向隴南進發；張徐率領的紅四方面軍，稱為左路軍，向西康進發，最後目的地還是陝北，雖是決裂，也還是張對毛的讓步了。可是，毛澤東最大的野心是以搞槍桿、擁兵權，以達到古代的「平民革命」或者是「秀才造反」的美夢，自井崗山以至西竄途中歷次鬥爭史，事實只是如何奪取軍權的實錄。自「遵義會議」後，他滿以為黨中央和紅軍的領導權，可以獨斷獨行了，哪知斜刺裡又殺出個「程咬金」的張國燾來，使他在軍權上遭受到最大的挫折，因此，對於張國燾直有如眼中釘，恨之刺骨，最後，毛、張在陝北決裂，早已成為注定的命運了。

毛澤東進入陝北窯洞後，靠著那「坐山虎」劉子丹和高崗的力量，使他的軍權穩定下來，這時紅軍全部人數，僅僅只有三萬人，紅軍中的將領都已落在他的掌握中，于時，他的軍權統一，軍事獨裁才全部如願以償，因此，劉子丹高崗這兩個土包子竟成為毛澤東的大恩人了。說起劉子丹與高崗，卻是由黃埔軍校和馮玉祥培養出來的人物，他們原是榆林師範學校的同學，北伐前夕，劉子丹從陝西故鄉遠赴廣州投考黃埔軍官學校，高崗沒有同行，只在故鄉度著那寂寞無聊的歲月。民國十五年九月那位基督將軍馮玉祥從俄回國，帶了一批共產黨員，在五原誓師，加入國民革命軍，隨即占據了陝西，馮見廣州設有黃埔軍校，便也依樣畫葫蘆地在陝西三原創辦一所「中山軍事學校」招收西北青年受訓，儼然與南方的「黃埔」遙遙相對，高崗這時才考進了那所軍校。校長由馮自兼，教育長便是中共政務院副總理鄧小平（即隨馮氏歸國的共產黨員），於是學生思想，便漸漸由左傾而赤化，高崗之成為共產黨徒，大概即從那時開始。民十六年寧漢分裂結果，促成了國民黨的清共，馮玉祥附和了南京決策，中山軍事學校撤消，學生改編為軍隊。次年春，劉子丹從武漢回陝西，是時這批學生軍，已一部分受了共黨麻醉，沒有受麻醉的便紛紛準備開小差，劉子丹從中加以煽動，便在渭南、華縣叛變，雖然經派國軍進剿，還是被劉子丹率領了一部份人竄入關中的深山去了。

高崗隨著劉子丹出沒於深山窮谷中，度著草澤生涯，整整三年，直至「九一八」事變後，北方情勢緊急，適逢河北有散匪一股流竄到了陝西，劉子丹遂和這股匪會合，聲勢又稍稍振作起來，隨即將這批人改編為「反帝同盟軍」，轄兩支隊，陝西支隊長便由劉子丹擔任，高崗任政治委員，一年後，「反帝同盟軍」又改編為紅軍第二十六軍，劉仍任軍長，但高崗卻被排擠出來，再度其潦倒的生活。高在萬分無聊中，為了尋找生路，便又跑到耀縣土匪窩裡去，在耀縣山中收集了近百人，藉著劫掠過活，這時適逢劉子丹在國軍痛剿之下，幾乎全軍潰滅了，劉在走投無路之際，曾向國府投誠，隨又反悔而投奔到耀縣去找高崗，於是，這對難兄難弟便又在耀縣重新建立基礎，收集了散兵土匪千餘人，到了民二十二年，又恢復了紅二十六軍的名義，組織了西北蘇維埃，民二十四年，由河南西進的徐海東部與劉子丹部合流後，便將兩方面的人馬改為紅十五軍團，劉任副司令兼陝甘晉革命委員會主席，是時，陝甘邊區已有二十餘縣成為他們勢力範圍，後來毛澤東藉以立足的保安吳起鎮，便是劉的大本營。

劉子丹是個反覆善變的人物，當他們聲勢浩大時，國府曾派東北軍進剿，未獲成功，因此，國民黨中便有人主張用政治解決的辦法，將他們收編，尤其是陝西地方士紳如于右任諸人，熱烈贊成這一主張。那時中共黨中央得知這個消息後，立即對劉加以整肅，是年八月，劉的一切職務全被革除。等到毛澤東到達陝北時，為了要爭取這隻「坐山虎」作資本，竟將黨中央所決定的，全案推翻，恢復了劉的原來職位，從此劉子丹便死心塌地效忠毛澤東，鞏固了毛澤東的軍事權力與領導地位。到了民國二十五年二月，毛澤東為了解救陝北的糧荒，便派劉子丹率領所部打著「紅軍抗日先鋒隊」的旗幟，渡過黃河，侵入晉西產糧區，進軍到同蒲鐵路時，突被國軍兩頭截擊，劉子丹終於為毛澤東犧牲了，而盤據甘陝甘邊區這二十餘縣的根據地，也就成為毛澤東捲土重來的發祥地，「前人種樹後人涼」，毛澤東竟毫不費力地承受這個現成的遺產，從此盤龍起鳳，建立起赤化全中國的始基。

毛澤東的一生事業野心與思想境界，始終寄託在搞槍桿、抓軍權這一點上，無論從中國共產黨發展史看，或者是從毛澤東個人發蹟史看，事實上，一部「紅軍成長史」就是毛澤東的成功史，至於他們所標榜渲染的所謂中共革命鬥爭歷史，那簡直貧乏之極了。不過毛澤東雖以搞槍桿作為他的事業野心，但卻是極其狹隘、自私，成功必須自居的，因此，他在《二萬五千里長征記》中，運用著所有的英明勇敢的語彙，來渲染他所領導的紅軍，卻將豫、鄂、皖蘇區由張國燾徐向前所領導的紅四方面軍，對他的幫助呼應等事跡，一筆抹煞，這些蔑視實事，貪天之功的行徑，顯然成為十足道地的奸雄本色。

事實上，紅軍從江西突圍西竄到陝西境內，幸虧劉子丹的接應，才獲得喘息的機會，否則茫茫前路，無處容身，即使天兵天將，也無法施展他的法力了。可是劉子丹的發展，是得力於徐海東，當民國二十三年冬劉子丹受著楊虎城部猛烈圍攻走投無路時，恰巧徐向前第四方面軍的主力第二十軍徐海東部隊，這時已自豫西竄入陝境，於是兩軍會合，劉子丹在徐海東的協力之下，才得脫出楊部的圍攻，建立起陝南蘇維埃，組織了游擊區，如果當時沒有第四方面軍，便沒有徐海東，更沒有劉子丹收容毛澤東創立陝北赤都的歷史，飲水思源，毛澤東不但要感謝劉子丹、徐海東，而且更應該感謝十年來在豫、鄂、皖邊區的徐向前了。

不但如此，當毛澤東竄至黔川邊境時，已瀕勢窮力蹙，疲憊不堪，即將蹈石達開的覆轍之際，這時徐向前、張國燾正率領紅四方面軍進抵陝南，漢中一帶，聲勢浩大，毛澤東確仗賴著這個呼應與支援，來牽制國軍，才得衝出重圍，脫離險境。迨至抵達陝甘邊區時，東北軍的王以哲部，回軍的馬鴻賓部，分頭來圍，又全賴徐向前部，出著死力抵抗，才將這兩路敵軍擊退，從此，毛澤東所率領走投無路的紅軍，便漸漸的安定下來，休養生息。總結上述這些史實，徐，張的紅四方面軍，無論是直接作戰也好，間接呼應支援也好，應該是大有助于毛澤東的成功的。

徐向前領導豫、鄂、皖蘇區的歷史，就當時中的力量言，其分量比之毛澤東領導的湘、贛邊區並無稍遜，其艱苦情形，甚至可以說有過之而無不及。當民國十八年毛澤東正在井崗山積極發展蘇維埃組織，擴充紅軍實力之際，徐向前也是同年六月潛伏到鄂東地區，同時張國燾也由莫斯科返國，率領一部份所謂農民武裝，在鄂、皖邊區作祕密活動，他們取得聯繫後，不久便會合了，自從他們開始組織游擊隊，一支兩百多名的武裝力量，號稱為工農紅軍第三十師，由徐向前任師長，張國燾任政委，他們兩人就憑著這兩百多名的隊伍，逐漸擴大了，紅軍的區域，建立下豫、鄂、皖蘇維埃，其中比較著名的人物，除了徐張而外，還有沈澤民，鄺繼勳，徐海東等人。那時在中國共產黨員裡的聲勢地位，江南有「朱、毛」，江北有「徐張」，正是夾江對峙，並駕齊驅。經過了三年的發展，徐張的部眾擴充到三萬以上，而朱、毛的紅軍也還不過四萬人左右。

豫、鄂、皖蘇區的基地，完全是由徐張等獨力創造的，與朱、毛二人毫無關係，那時的朱、毛紅軍正被圍剿得自顧不暇，更無餘力來支援江北的徐張了。民國十九年前後，徐向前的大名幾乎還要高於朱、毛，國民政府方面對於徐向前比對毛澤東更為重視，首先成立武漢行營，將重兵集中江南一線，其主要目標，便是針對豫、鄂、皖蘇區的紅軍。經過了一年多的進剿，徐向前被國軍壓迫得漸感不支，乃決定將原有的兵力分散，向西發展，到了民國二十一年，徐張的紅四方面軍，一部份主力，橫過河南，直趨川北，另一股主力則竄入陝南。其川北的一路，占據了通江、南江、巴州的廣大山區。朱、毛的紅軍在民國二十四年六月竄抵懋功時，便得力於徐張部的接應，至於陝南的一路，更成為後來接應朱、毛西竄的主力。

我們從紅軍前期的發展歷史，乃至於後來延安的立基來說，徐向前都應該有其不容掩沒的功勞，但是毛澤東卻始終顧忌他、排擠他、壓迫他，使徐向前永遠不能抬起頭來，到了抗戰時期，紅軍改編為八路軍，紅四方面軍竟被完全抹煞了，當年叱咤一時的徐向前，僅僅擔任著劉伯誠部一個副師長的職位，進既不得，退又不能，真是英雄末路，啼笑皆非了。

由於張國燾是全紅軍的總政委，在紅軍中擁有最高的領導地位與權力，而且和徐又同是豫、鄂皖區的創始人，因之徐的行動，自然唯張的馬首是瞻。自從朱、毛紅軍與第四方面軍在懋功會合後，毛張之間，發生衝突，卒至分道揚鑣，各走極端，無疑的徐向前站在張國燾這方面，接受張的指揮，組織左路軍，西入川康邊境。毛澤東對於徐向前棄己從張這一行動，自然是永遠懷恨在心。

後來徐在西北失利，鎩羽之後由甘肅回到陝北，毛澤東更抱著一種幸災樂禍的心情，暗暗的大為稱快。自此以後，徐向前既已落到了毛澤東的手中，便成了老毛報復張國燾的代罪羔羊，隨時隨地給他以狼毒致命的打擊，永遠無法「翻身」了。

毛澤東對於徐向前這種抹煞事實，顛倒功過的翻覆手段，一方面固然存有極端仇恨的報復心理，另一方面，也是毛澤東的英雄主義和封建思想作祟。他在井崗山時，為爭奪軍事領導地位，也和國民黨一模一樣的作風，指非嫡系的部隊為雜牌紅軍，稱自己的軍隊為中央紅軍，張國燾、徐向前在豫、鄂、皖邊區創立的紅四方面軍，在老毛眼中看來，正是唯一勢不兩立的雜牌隊伍，消滅唯恐不及。其仇恨的毒素，深入毛澤東的骨髓，形成了他十足道地的奸雄行徑，徐向前多年來的艱苦鬥爭，只換得寂寞辛酸的磨折，眼巴巴的望毛澤東的新貴集團如同生意興隆的馬戲班，各個充當主角，一人得道，雞犬飛升，這便是毛澤東的大湖南主義。

二十七、「大湖南主義」中的核心人物

中國從來有這麼一句「人和政通」的古話，這充分說明中國這個民族，最講人事關係，任何人要想做通一件事，首先便要將人事搞好，否則，即使你有三頭六臂，也一樣毫無辦法，所以必須先有人和，然後才可談到政通。於是，這「人和政通」的古話，遂成有任何一個時代英雄豪傑成功立業的不二法門，歷史上任何一個握有政權的人，誰都少不了幾個心腹股肱，或者是小集團，唐宗宋祖，固然不消說，武后、慈禧，也不能例外。到了民國以後，時代愈進化，人心愈偷，私心愈重，自然更是大圈圈內有小圈圈，小圈圈內更有所謂「核心」，國民黨內已是如此，何況是以鬥爭求生存的共產黨，更何況那陰狠老辣，從各形各式鬥爭中而成長的毛澤東，他的「大湖南主義」，自也不是為奇了。這裡，且先將那最初最早最基本的「大湖南主義」集團

中，幾個較著名的人物介述如下：

夏曦在民國十年前後，他與毛澤東郭亮號稱長沙三怪傑。他在第一師範與毛澤東同學同班，是新民學會的重要人物。在五四運動至北伐時期，他是長沙的學生運動領袖，為毛澤東的湖南地盤中的重要支柱之一。在李立三時代，他雖擔任過浙江省委書記，但是他始終支持毛澤東的立場。後來賀龍投共，毛又派他為賀龍軍的政委，以控制賀軍，他於西竄時在貴州溺斃。

郭亮是湖南第一師範小學教師進修部的學員，那時毛澤東正是附屬小學的主事人，故他們在那裡開始相識，後來郭亮由毛介紹，參加新民學會，再後毛又介紹他參加社會主義青年團。郭亮自民國十一年至民國十六年始終是毛澤東的工人運動得力助手，他後來曾繼毛澤東為湖南工團聯合會的總幹事，又曾充湘省委兼工人部長，可以說他是毛澤東在長沙看家的台柱。若是他至今還在的話，他的地位，可與劉少奇相埒。

蔡和森是在第一師範和毛澤東同學，後來又與他共同發起組織新民學會，所以他們關係十分密切；實事上，那時蔡和森的學問地位均比毛為高，由於他和蔡和森同路的關係，故他藉以在身價上增加了不少的分量。蔡和森自中國共產黨第二次全國代表大會起，一直到第六次大會為止，每次皆當選為中央委員及中共政治局委員，在中共具有很高的發言權，尤其是理論的權威。毛澤東那時在中共的地位，還是沒有成熟，許多事要倚賴蔡和森；在他和陳獨秀、李立三的衝突中，蔡和森均和他採取同樣的立場；若是蔡和森現時還健在人世，他應該是北京共產王朝的巨擘。

李維漢與毛澤東是湘潭小同鄉，又是新民學會的會員，所以他與毛澤東的私人關係最早又最親近。因此之故，毛澤東的早期特務活動，便是由他支持；他化名羅邁，在特務鬥爭的歷史上，羅邁的英名，具有與康生同等的地位。當紅軍西竄時，他隨軍前進，毛澤東在自傳中提及「長征」的功臣，亦有他的名字。他是新民學會會員中現存的少數人物之一，而在毛澤東的身邊，更是碩果僅存者，在毛的幕後，隱然居於運籌輔弼地位。

除了以上各人之外，還有何叔衡、向警予（蔡和森之妻）、蕭錚等，均是當時新民學會會員，而為與毛澤東最初在共產黨中構成核心的基本同志。他們在共產黨內，互相結合，發揮核心作用，所以均曾爬到高位。毛澤東早年時期的成就，大都以這些人為基礎。那時革命運動的工作範圍是民眾運動與宣傳，所以新民學會的份子，多半是工人青年婦女運動和文化方面的領袖人物。

毛澤東後期核心集團，則因個人環境與革命形勢的變遷而隨時變動，同時，新民學會的基礎已不夠應用，大部分人又已死去或星散，亦不得不另謀開展。由於他的鄉土氣十足，規模狹小，其開展的對象，仍有意無意地以湖南人為最多；但那時的革命運動和他的野心已集中於軍事運動，他的核心本質，已改趨於結合湖南的軍事幹部了。

任弼時是毛澤東的湖南集團中，一最力的份子，他自民國十三年由俄返國後，毛澤東即與他結合。民國二十年他至江西蘇區擔任黨中央組織部長兼政治局委員後，毛澤東更加緊拉攏關係，以後他不兼任海南省委書記及鄂、贛邊區政治委員，對毛澤東予以彼大的支持。在延安時期，任弼時任八路軍總政治部主任，成為替毛澤東控制八路軍的王牌；第七次全國代表大會時，他以第四名當選為中央委員，位僅於毛澤東劉少奇之後，與劉少奇同為毛澤東的左右手；他之死實為毛澤東的重大損失。

羅榮桓是毛澤東在自傳中提到的紅軍重要政治工作人員之一，今天在中共政府高踞最高人民檢察長的地位。自從毛澤東在湖南開始第一次暴動，組織紅軍以來，他一直效忠於毛澤東，在毛澤東的湖南軍事核心中，他的歷史最久，所以毛澤東稱頌他「始終不渝」。民國十六年毛澤東組織所謂工農第一軍第一師，他便是裡面的基本幹部，毛澤東在湖南失敗後，他隨毛上井崗山。自從林彪組織軍隊，毛澤東便命他在林軍裡面任政委的職位。林彪是毛澤東的重要支柱，毛為掌握林的兵力起見，乃始終以羅榮桓監其軍，其作用與使任弼時控制賀龍一樣。林彪任第一軍團司令時，他任政委，在抗戰時期，林彪部隊被國民政府改編為一一五師，林任師長，他任政委，總而言之，毛澤東是以他的核心分子之一的羅榮桓，永遠控制著林彪。現在毛澤東以他任操生死大權的檢察長之職，使其控制整個政府與人民，自然還是強化他的核心作用的一種手段。

王首道亦毛澤東的控制軍事的湖南幫核心人物之一。毛澤東在廣州辦農民運動講習所時，王首道是他的學生。民國十六年毛澤東命他回瀏陽組織農民暴動，（他是瀏陽人）以後又派他為湖南蘇維埃主席在延安時代他與任弼時王若飛共同主持黨中央書記處，使該處一時成為湖南世界。後來他的任務為進入軍隊控制軍人；徐海東的十五軍團，是以湖北黨員為中心的軍隊，毛澤東為要使其核心勢力擴及兩湖，所以派王首道去任政治部主任，以掌握住那股兵力。在賀龍部下的王震軍中，他亦任過政委，王震也是湖南瀏陽人，他們引用小同鄉的關係，建立起核心的核心。

滕代遠現任中共政府鐵道部長的要職，控制著全國鐵路交通。他是毛澤東湖南核心中比較後進的份子，即從彭德懷投共時，才開始露頭角；但因他後來進過莫斯科紅軍學校，學歷較高，所以終能爬到後來居上的地位。毛澤東因為他是軍事學校出身，所以一貫的利用他去任參謀的職務，以控制軍事：他曾任八路軍副參謀長，陝甘寧邊區留守兵團的參謀長，在紅軍中的軍令指揮上，具有很高的權威；他是毛澤東使紅軍受湖南核心支配的重要人物。現在他所管的鐵道部，是中共尤其是紅軍的動脈，毛澤東使他控制這個樞紐，實含有重要的核心作用。

袁任遠是毛澤東派到鎮守新疆的大將王震軍中的監軍，他不但是湖南核心的健將，而且是劉陽幫的中心，與王首道、王震同為毛澤東的嫡派人。王震是賀龍的得力部下，毛為切實掌握賀、王，所以常把他的親信人物派去做政治工作。自王震擁有軍隊以後，袁任遠一直是他的政治部主任，尤其是在陝北時期，王震部編為國軍之一旅，駐於綏德，袁以政治部主任的地位，總攬一切進退折衝的大權。那時綏德是陝北的門戶，與毛澤東的安危關係甚大，湖南系的軍隊責任更為重大，所以毛將王袁等置於那個咽喉之地。自從毛澤東得有天下後，他對發祥故鄉湖南省的政治安排，表面以程潛掛名，而實際以袁任遠掌握大權，替他看守老家。

以上所舉不過為毛澤東的湖南核心用政治工作和軍事參謀方法控制紅軍之一例，事實上這種方法用得非常普通，凡是紅軍所到之地，即是他的核心作用擴展的範圍，如羅瑞卿之於十八集團軍，譚震林之於羅炳輝軍等等，皆是一貫政策的實施。除此之外，他還擁有一個更重要的核心，那就是直接帶兵作戰的湖南將領，亦即是他最重要的政治本錢。這些人可舉例如次：

蕭勁光黃埔軍官學校畢業，自井崗山起即效忠毛澤東，在紅軍中具有很高的威望，帶兵很久，作戰很多，抗戰時期，做過八路軍總參謀長。最近在韓作戰，亦甚出名。他是毛澤東的愛將之一，有類於劉玄德之於趙子龍。當國軍圍剿陝北最烈的時候，他任陝甘寧邊區留守兵團司令，拱衛中共赤都，儼然具有毛澤東的王牌的價值。

蕭克黃埔軍官學校畢業，曾參加南昌暴動。南昌暴動失敗後，他逃回嘉禾故鄉，招集游民散匪約三百人組織成小型隊伍，在山中活動；後來在故鄉不能生存，乃率領部下投奔井崗山依從毛澤東，自是即成為湖南核心中的能征慣戰之士。自民國十七年起，他歷任紅軍中之師長軍團長等軍職；在民國二十二年中，他單獨在湖南與國軍作戰一年，湘、贛之間，他的威名甚大。西竄途中，他擔任先鋒，毛澤東在自傳中頌揚長征英雄時，曾提出蕭克之名。

左權黃埔軍官學校畢業，在廣東時期與毛澤東發生關係。民國十六年赴莫斯科入紅軍大學，研究戰術戰略，至民國十九年返江西中共蘇區任第一軍司令。他因受過較高的教育，成為紅軍中有名的戰術家，譯有《紅軍野戰令》一書。抗戰時期任八路副參謀長，於民國三十二年在太行山作戰陣亡，左權之死，毛澤東損失了一員大將。

陳賡黃埔軍官學校畢業，與毛澤東同屬湘潭一縣。民國十一年他即加入了中國共產主義青年團，故他與毛澤東的私人關係發生的很早。民國二十二年國軍第四次圍剿時作戰負傷，他潛赴上海醫治，在英界被捕，後來引渡南京，當時國民政府勸誘重回國軍，故防範稍疏，他遂得以乘機脫逃。再入江西中共區後，毛澤東更為寵信，他被派為紅軍學校校長。民國二十三年隨毛澤東突圍西竄，至延安時任第一軍第一師師長，以後升至劉伯誠野戰軍的集團司令，大陸陷落後，曾與賀龍共同鎮守西南。

以上所舉的四人，不過是毛澤東湖南嫡系將領中之最赫赫顯著者，其他類似這樣的核心份子，正滿佈於全國紅軍之內。

按照上面的分析，可以看出毛東澤的核心主義的發展，最初是控制民眾運動和革命機關，後來是控制紅軍。他的軍事基幹是湖南集團，無論掌握軍隊或直接帶兵的湖南幹部，均為其核心圈上最重要的一環。雖然，在權力鬥爭的過程中，他這種核心主義固然具有無比的效用，但因時勢的變化，它的內容與運用，終久還要變質的。到了現在，毛澤東的寡頭集團，已不是單純以控制軍隊為目的，而核心份子，亦雜有湖南以外的幹部。易言之，即非湖南人如陳毅林彪之類，亦成毛澤東的軍人核心，陳雲高崗之類，亦成政治核心。不過這種政治演變，並不是削弱了湖南核心，而是強化它的基礎；易言之，這是湖南核心的擴大。現在中共在黨政軍各方面被這種核心支配操縱的趨勢，已十分明顯，黨務、法律、特務、軍隊、交通各種最重要的部門，皆操在他們手中；在地區方面，東南西北，皆在這個核心的統治之下。中共政權中，現在雖然還列有許多卿相王侯，但他們不過是分一杯殘羹冷飯，他們的比重，絕不能與毛澤東的親貴核心相比於萬一，環顧毛朝中，即位尊如周恩來者，亦只是個伴食宰相，等而下之者，則更感到寂寞無聊了。

一個野心家每每以他的全部命運寄託於軍事小集團上面，所以他的見識，亦是畸形的發展，那就是槍桿子主義才是他的真正主義，至他口裡號召的主義，在往卻都是假的。這種畸形發展的結果，手段變為目的，權威代替主義，毛澤東便是這樣的典型。二十年來，他的一貫的表現，是利用小集團作工具，把握軍事賭本，實行政治投機。

二十八、亂世英雄彭德懷與賀龍

按劉少奇、彭德懷、賀龍等，原是「大湖南主義」集團中的重要核心人物，在理似應首先敘述。只是在毛澤東自傳中所述，一批有功於「創造紅軍和蘇維埃運動」的優秀同志，並沒有劉少奇的大名，儘管劉少奇以攪「工運」起家，而且與毛澤東的攪「農運」有著殊途同歸、相輔相成的作用。同時又是毛澤東「馬克斯主義中國化」理論方面的有力助手。但本文是以敘述紅軍的成長和毛澤東的發蹟為主，因此不免將他壓後再敘。至於彭懷德、賀龍等，雖屬於十大元帥中人，這兩老粗，原是國軍將領中途投降過去的，對於毛澤東建立軍權關係極大，現在且將彭、賀細述一番。

說起彭德懷的傳奇故事，在紅軍將領中，可說是最富於戲劇化的亂世英雄。他在六歲的時候，便死了母親，雖然有祖母、父親和繼母，可是都不愛他。十六歲以前，他一直做著奴隸般的牧童、鞋匠、學徒、煤礦工人、硝皮工人等，最後都做不下去，只得仍回到家中，祖母更迫著他做苦工，他恨極了，一腳將祖母的煙燈、煙缸踢翻了，從此離開家庭，在走投無路下，只好去吃糧當小兵。

在他當兵的過程中，一直是在湘軍中打轉，當他在程潛的部隊裡，一次，程潛派他去到長沙偵探張敬堯的動態，失手被捕，在獄中受著酷刑毒打，好幾次死去活來，經過了一個多月的死亡煎熬，才算死裡逃生，得免於難。逃出刑獄以後，他既不敢回原部隊，又不甘回到那毫無溫暖的家庭，四顧茫茫，成了一個被社會家庭遺棄的人，從此腦海中深深種下了反抗意識的根苗，同時胸中也充塞著出人頭地的思想與報復情緒。不久，他又投到魯滌平部下，輾轉升遷至營長，那時三民主義的新思潮，瀰漫著三湘七澤，他也就在這時，接受著三民主義的洗禮，而加入了國民黨。到了民國十七年冬，他在平江又忽然宣告叛變，那時他已是何鍵部下的旅長了。

他叛變投到井崗山入夥，不但加強了紅軍的聲勢與力量，造成了國軍集體投共的先河，後來朱培德部的羅炳輝，孫連仲部的季振同、董振堂、趙博生先後率部叛變，在軍心上都是受著他的影響，而且這兩部份叛變投過去的兵力，不下三萬人，在一消一長之間，不但削弱了當時剿共的軍事力量，同時也沉重地打擊了士氣。

朱、毛紅軍在井崗山初期，其兵力只是一些雜湊成軍的烏合之眾，自從彭德懷的湘軍加入後，毛澤東在紅軍中的比重，特別重要了，原因是：彭與毛為湘潭小同鄉，有著豐沛子弟兵的深厚關係，頓使毛澤東如貧兒暴富，擁有了政治資本了。當時在井崗山那塊小天地中，也如其他政權一樣，爭權奪利、波譎雲詭，何況共產黨徒各個都是以鬥爭求生存，以鬥爭來發跡，但如果沒有黨徒，沒有實力，終不免要成為鬥爭的犧牲者。當富田事變時，大部紅軍幹部為了支持李立三政策路線，竟用兵變的方式來反對毛澤東，一各個要求脫離紅軍掌握，單獨行動，正當開始譁變之際，如果不是彭德懷處置有方，出其全力鎮壓下去，不但毛澤東的命運要從此幻滅，即紅軍與中國共產黨的名詞，恐亦不免要成為歷史上的陳跡。從此之後，毛在軍事方面的權力，才漸漸穩定與集中，形成後來的獨裁地位。由此看來，彭德懷不僅是毛朝的功臣，確也是紅軍的柱石。毛澤東在其自傳中，曾經多次提到彭德懷，加以讚美和推重，其原因即基於此。

彭德懷在紅軍將領中，名次雖僅列在第二位，但其作用的比重上，實際比朱德更要重大。當紅軍的主力由赤都瑞金西竄的行軍時，彭德懷任突圍主將，出盡死力沿途殺開一條血路，後來抵達陝北時，他又扼守自寧夏長城至甘肅平涼之間的一條長線，毛澤東倚他為長城，捍衛赤都延安。到了抗戰時期，他雖屈任第十八路軍副總司令，但實際的權力卻在他的掌握，運籌決策，發號施令，全以他為主，而掛名的總司令朱德，只是對外的名義，成為象徵的偶像而已。

共產黨原是一批鋌而走險的亡命集團，彭德懷之成為中共第二號的將帥人物，當也不是偶然，在滾滾的時代潮流中，每一個能浮起頭來的弄潮兒，必然都有他們的一套本領，何況彭德懷生長三湘七澤，具有堅強的「騾子」性格，又是從艱苦的環境中鬥爭起來，險阻艱難，辛苦備嚐，久鍊成鋼之後，使到他的意志堅毅沉著，成為一個標準的軍人品質。他出身農村，質樸無華的談吐，幽默滑稽的口吻，衝口而出，不假修飾，因此獲得士兵們的親切好感。

他平生得意的傑作，除了平江叛變、鎮壓富田事件外，最出風頭的，還是在韓戰中他以志願軍統帥的資格，帶領著百萬雄師出國作戰，以十八世紀的戈矛，和具有最新武器的科學先進美國拚生死、決雌雄於戰場，戈矛與槳油彈齊施，人海與火海相搏，雖然是強弱懸殊，而彭德懷卻成功地贏得英名蓋世了。據傳他在年前因為反對毛澤東的人民公社，不但拋了國防部長的高位，連行蹤也沒有了下落，不知尚在人間否？（按：「文革」後被押送回北京，遭到殘酷迫害。一九七四年病逝。）

其次再談到賀龍，本來共產黨徒，是充滿了陰謀、詐騙、篡奪、鬥爭的本質的，如果不如此的話，便無法生存，無法出人頭地，環顧毛澤東集團中，越是地位高的，越是機詐百出。就中唯一的例外者便是賀龍。

賀龍的性格，是一派粗獷、天真、直率、爽朗，其快人快語，獨往獨來的作風，實兼具張飛、李逵的典型。他沒有詭計、沒有野心，像他這樣獨特的性格，他既不知防人，人家也不必去防他，因此這位張飛、李逵混合的典型人物，便贏得紅軍中上上下下的一致好感，認為他粗而不機詐，威而不兇猛，有時嚴肅得可畏，有時卻又妙趣橫生。

他的品質，是一個十足的丘八粗線條作風，口不擇言，一說話就離不了罵人，而且罵的都是一些粗俗不堪的詞句，什麼「混帳忘八蛋」、「媽的巴子」……全都有了。即使在大庭廣眾的講演台上，也一樣像連珠炮般的放個不停，至於大家聽得慣聽不慣，他卻不去管它。

他平生愛看小說，而且特別愛好《三國演義》、《水滸傳》、《七俠五義》等一類說部，這些故事中傳奇人物的形象，深深印入他的腦海中，所以他的一舉一動，也就不期然而然的模仿起來。因此有人道：賀龍的張飛、李逵作風，大部份是受《三國》與《水滸》的影響。由於這些影響，加上他數十年來一直過著綠林草莽和軍隊生活，粗線條弄慣了，再要他細膩溫柔起來反而不可能了。

賀龍生長於偏遠貧瘠的湘西桑植縣，民性強悍好鬥，人們對於打家劫舍的「山大王」生活，絲毫不以為恥。他少年時代，家境窮困，未曾受過良好教育，生來孔武有力，他的發跡只是靠一把菜刀起家，說來極富於傳奇性。

偏遠的湘西，政治素來腐敗，「縣知事衙門」每年秋收後，照例要派糧警下鄉催收完糧，糧警在農村作威作福，魚肉鄉民，這是毫不足奇的。某次，桑植縣糧警正在賀龍村中百般苛索，性如烈火般的黑鬍子（賀龍的綽號），冷眼旁觀，氣憤得忍不住了，一竄身從廚房中摸到一把菜刀，一刀結果了糧警的性命，隨即將糧警背上的一枝單響毛瑟步槍奪下來，從此，他就憑著這枝破槍，嘯聚山林，做起「山大王」來了。不久，他的勢力一天天坐大，湘西、川東、鄂北、黔南周圍數十縣，都有他的行蹤，打家劫舍，出沒無常，湘省防軍雖也曾進剿，只是愈剿他的勢力愈大，結果，只好將他收編，並即派他擔任團長，仍領舊部駐防湘西。

他棄暗投明以後，對於湘西地方的治安維持還得不錯，後來更一帆風順，升為澧州鎮守使，兼湖南省防軍師長。北伐時期，他響應國民革命軍，因獲任第二十軍軍長，歸第二方面軍（即第四軍擴充的）張發奎指揮。這時的第二方面軍可能已為共黨滲透控制，賀龍以一純粹舊式軍人出身，根本無所謂主義信仰，很容易與赤色人物發生關係。迨至武漢政府實行清共，賀龍與葉挺便各率所部開到南昌，發動了中共所謂的建軍節「八一」南昌暴動。這時的賀龍還不算是共產黨，只是國民黨左派，及至暴動失敗，他在勢成騎虎的情勢下，才逼上梁山正式加入共產黨。

他與葉挺率部竄到汕頭後，終於被錢大鈞、黃紹雄、余漢謀等部所擊敗，隻身逃到香港，不久，又從香港重回老巢，利用他妹妹賀三姑所領導的土匪基礎和他舊有的關係，再行建立武力，並在湘、黔邊區成立所謂蘇維埃和紅二軍，他的勢力又漸漸成長起來，便再次向四川、河南、貴州、陝西擴大活動。到了民國十九年，他再率領紅二軍到鄂南監利、石首附近的洪湖區，與紅六軍段德昌會合，成立紅軍第二軍團。民國二十二年，洪湖區與豫、鄂、皖邊區在豫、鄂、皖三省剿共的國軍圍剿之下，立腳不住，便又再次的竄回老巢，直到紅軍從瑞金赤都突圍西竄，他以紅軍第二軍團的旗幟，參加西竄野戰軍的行列。在延安時期，他擔任中共陝甘寧邊區軍區司令員，替毛澤東捍衛大本營的基地。

賀龍自幼未曾受過任何壓迫，一進入社會，便建有自己獨立的武力，獨來獨往、獨斷獨行。他早期的環境，比彭德懷好得多了。他心目中少有個人私怨，只有天真的打不平，他在共產黨員的思想境界中，憎惡富人是他唯一的激昂情緒，此外便什麼都無城府了。有人認為一般紅軍將領在顯達之後，大都充滿了新貴族的意識或軍閥主義，只有賀龍能夠保持普羅階級的原樣，因此中共許多人，稱他為中國夏伯陽，也總算是共黨中一個獨特的人物。

二十九、實力派人物劉伯承與林彪

在毛澤東的軍事骨幹中，固然以湖南人為主，但後來由於軍事形勢的擴展，儘管是「唯楚多材」、「大湖南主義」也還是不夠用，遂不得不假外求，於是如陳毅、林彪、劉伯承、聶榮臻諸人，也就成為毛澤東「大湖南主義」的外圍長城了。聶榮臻的事蹟，留待後面再述，這裡先談談劉伯承等人。

在紅軍將領中，「獨眼龍」劉伯承是以兇殘好殺特別見稱的，他的建功立業的信條，便是兇狠、毒辣、多殺。當他在川軍任旅長時，黑夜遇敵，不敢放槍，他便下令不分敵我摸到便砍，結果連自己的轎伕也殺個乾淨，但他絲毫不悔，認為只有如此，才能使敵人膽寒。

劉伯承的家世，恰和狗肉將軍張宗昌相同，張的父親是當時社會上視為賤業的

「吹鼓手」，劉伯承的父親也正是幹這一門的。至於他的出身，卻和朱德相似，幼年也曾讀過經書，趕過科場，希望獲得一點功名，來光宗耀祖，但幾次縣府考都名落孫山，他在憤激抑鬱之餘，竟脫卻長衫去投身當巡警，希望從此找個出身。辛亥革命之際，他正過著警察生活，革命成功後，熊克武返回重慶創辦軍事學校四川講武堂，他便考進這校，頗得熊克武的賞識，後來分派在熊的第一軍，從此一帆風順，擢至旅長。民十四年熊克武率軍入粵，甫抵廣州，即被繳械，從此劉又成了一個落寞的光棍兒，內心受到極大刺激，他以後加入共產黨，便無時無地不存著報復的心情。

劉在紅軍中，一直是以參謀業務與訓練工作見稱，指揮作戰的歷史並不長遠。當「南昌暴動」時，他任軍事委員會參謀，民十七年，他入莫斯科紅軍軍官學校，二年後返抵上海，其時，第三國際在上海設有中共中央革命軍事委員會參謀團，他任參謀，不久潛入江西蘇區，擔任彭揚軍事學校訓練教官。當紅軍西竄進入川康苗民區時，他不但參贊戎機，而且藉著他的鄉土關係，疏通聯絡，偽裝結盟拜把，使紅軍得以安全渡過蠻荒而抵達陝北。否則如果沒有劉伯承的這一套，恐怕當時的紅軍全要做石達開第二了。

劉伯承擔任指揮官，實始於抗戰初期中共的假投降，紅軍改編為第十八路軍，國民政府任命朱德、彭德懷分擔正副總司令，劉和林彪分任師長，劉任一二九師，林任一一五師，如果沒有這次機會，也許就沒有後來統領「二野」大兵的可能。

民國三十四年十月抗戰結束以後，國民政府指派第十一戰區孫連仲所部池峰城的三十軍，馬法五的四十軍，高樹勳的新八軍，自河南沿平漢線北進，開赴平津一帶接收日軍防務，預定在北平受降。其時劉伯承的晉冀魯豫根據地，正以邯鄲、長治一帶為中心，大肆活動，池峰城、馬法五等想不到劉早已佈下了陰謀陷阱，絲毫未加戒備，統率大軍，從容步行前進，迨行至彰河以北時，突被劉部重重包圍，一經接觸，即告潰敗，不到五、六天功夫，高樹勳與河北民軍司令喬明禮臨陣投降，開國軍集體投降的先例，這十萬國軍，幾乎損失了十分之八九，從此華北局勢進入險惡狀態。這是國軍初次嘗試劉伯承的兇狠戰略，而劉的陰謀偷襲取勝，開始轉變了共軍的劣勢而為優勢了。於是「邯鄲大戰」，遂成為中共戰報上大書特書的一頁。

從此以後，國軍始終無法打通平漢線，劉伯承以三十餘萬眾馳騁於魯豫河朔毘連之區，大本營設於河南武安，至於山東的聊城，與河北的永年、東明、聞喜等縣，便是他的主要根據地，其所施用的戰略，便是死纏著孫連仲的部隊鍥而不捨，直使孫部有如全身黏滿吸血蟲，脫身不得，一時獨眼龍劉伯承的威名，傳遍了大河南北。

今日毛澤東軍事集團的支柱，始終是寄託在湘、鄂、川三省，也就是由「大湖南主義」擴展為湘、鄂、川軸心。所謂豐沛將領，前面已經約略提過，其次，便是湖北的林彪；四川的朱德、劉伯承、陳毅、聶榮臻等；在紅軍將領中，皆屬一時之選。尤其劉伯承不僅勇狠善戰，而且富有謀略，文武兩途，均有作為。他在俄國受過相當嚴格的訓練，俄文俄語，亦勉可應用。在兵學方面，著有《紅軍野戰令》等軍事學書多種，創造了許多軍事學上的新名詞，紅軍所習用的教育典範，大部份是出自他的大手筆。在指揮方面，他統領著大兵團，運用靈活到神出鬼沒，真有「靜如處子，動如脫兔」的妙用。如果不信的話，筆者且舉一個實例來說明：

當民國三十五年六月，劉伯承的部隊突向隴海路進擊，由蘭封至碭山間三百餘里的鐵路線，均被攻占，國軍遭受重創之餘，乃於是年九月間，復調集最精銳的邱清泉的第五軍，黃維的第十八軍進行圍攻，計劃把他困在黃河沿岸，迫他背水而戰，利用最新武器的高度火力，一舉而消滅之。可是等到邱、黃兩軍將次合圍之際，他卻如狡兔一般，帶著這個大兵團飄然渡河北退，使邱、黃兩軍撲了一個空。次年六月底，他又率著他的大軍從魯西大舉渡河，南下打通大別山區通路，魯西之戰，竟將國軍精銳張靈甫及其全部消滅了。八月他竄入了黃汎區，正當國軍又想在水邊將他捕捉時，他忽而又迅速地偷渡淮河，從皖西北進入大別山區，在江淮的心臟上插下了一把利刃，從此以後，他便成為國民政府的心腹大患，東自津浦路，西至平漢路，這廣大的平原區，完全在他的威脅之下，最後淮海一役，國軍一蹶不能復振，便是受了他的致命傷。

當年國民黨創辦黃埔軍官學校，為的是建立本黨的革命武力，卻料不到自己的精靈付託、辛勤訓練出來的學生，竟成為中共開國的元勳，這一惡果的造成，無可懷疑，百然是聯俄容共所導致。在紅軍中以黃埔出身而最為人所熟知的人物，有徐向前、林彪、陳賡、蕭克等。

林彪是黃埔四期的學生，他的參加革命，開始於「五卅」運動，那時全國學生聯合會在上海召開代表大會，他以湖北共進中學的學生，被推為湖北學生代表，接受這新時代的洗禮，因當時革命潮流的影響，乃投考黃埔軍校，那時他才十七歲，在黃埔同學中成為最年輕者之一。他進黃埔後，由於惲代英的關係（時惲為黃埔教官），加入了「青年軍人聯合會」，因此與共黨的關係極久極密。

北伐開始，黃埔四期學生提前結業，他被分派於第四軍葉挺部下任副連長，那時葉挺的部隊，已成為共黨的勢力範圍，凡分派的學生，事前都經過共黨的考核與選拔，到了南昌暴動，林擔任革命軍事委員會的特務連長，暴動失敗後，他隨同南竄，保衛軍委會人員與輕重，在潮汕時，葉挺、賀龍兩軍全部瓦解，他因護衛輕重留在後方，未被消滅，後來遂成為朱德的骨幹。朱德在湘南暴動，他參加攻下宜章，耒陽，從這一役以後，他獲得了朱德的賞識，由團長、師長、軍長，而躍為四野的主將。

毛澤東在其自傳中，特別誇讚林彪的功績，許為「長征」英雄。當徐向前、張國燾和朱、毛在懋功鬧翻，分道揚鑣後，毛澤東自四川進入甘肅，組織了一個陝甘縱隊，彭德懷任總指揮，林彪擔任該隊第一支隊支隊長。這時毛因與張國燾剛剛分裂，內心憂懼，視這支隊伍為他的命脈，因此，毛特別降格自任為該支隊的政治委員，而毛、林之間的關係與情感，更日益增進。民二十四年冬，林彪這一支隊，首先與劉子丹、徐海東在陝北合流，建立了陝甘寧邊區的基礎，這一功勞，對於紅軍從萬里流竄而立定腳跟，而擴充發展，其建樹之大，不啻是陝北時代的創業人。

陝甘寧邊區任務完成後，不久，中共在延安成立「紅軍大學」，林彪調長該校，就在窯洞中利用磚頭和石塊代替著課桌課椅，土墻石壁代替著黑板……這就是紅軍中的最高軍事學府。到了抗戰軍興，紅軍參加抗日，改編為第十八路軍，朱德任總司令，毛澤東為了表示擁護國民政府，特起用紅軍中的黃埔學生一人為師長，於是林彪遂登壇拜印，正式接受蔣校長的任命狀，一躍而超越徐向前的地位了（那時徐降為劉伯承的副師長）。

在抗戰期間，林彪奉令建立晉冀察邊區的基礎，出入於山西、河北一帶，以安排他後來進入東北的重要張本。是時德蘇兩軍為了爭奪史達林格勒，戰鬥正進行得極為慘烈，克里姆林宮唯恐日軍自東北參戰，夾擊蘇俄，因此特令中共紅軍在東北積極展開活動，以牽制日軍，而林彪遂以治傷為藉口，祕密前往莫斯科，聆取牽制阻擾東北日軍的指示，一說他也會參加過史達林格勒的保衛戰，事實是否如此，一時也無法取證。不過他在這次聆訓中，不但建立了他與莫斯科間的關係，同時，也商妥了他後來進侵東北的具體步驟。他返國後，便改任中共軍政大學校長，訓練幹部，儲備人材，埋頭於進行奪取東北的準備工作。

迨至柏林被盟軍攻陷，太平洋美軍亦占領了硫磺島，莫斯科情知日軍不能支持多久，遂積極與中共合作，共謀實行奪取東北。乃於是年春天，中共任林彪為山東軍區司令員，他祕密分派大批共黨幹部，從海陸兩方面，潛入東北，同時晉冀察邊區的游擊隊，也從熱河向遼寧挺進。

民三十四年八月十日，日軍宣布投降，延安紅軍總部即於次日發布四道搶奪東北的命令：一是命令呂正操部由晉綏察向熱河進發。二是命令張學詩部由冀察向熱河遼寧進發。三是命令萬毅部由魯冀向遼寧進發。四是命令李運昌部向遼寧吉林進發。這時國軍牟廷芳部第九十四軍已空運天津，扼守山海關要道，於是這四路搶奪東北的共軍，即化整為零，徒手間關進入東北，其後蘇俄紅軍統帥馬林諾夫斯基一面阻撓國軍在營口登陸，使接收工作無法展開，一面將所繳獲關東軍的武器，去裝備那批徒手共幹，另一面在佳木斯大舉創辦陸空軍軍事學校，從事訓練中共的大量陸空軍事幹部。漸漸收容當地偽軍並聯絡原有的部份土共，合組為民主聯軍，林彪就這樣在蘇俄多方卵翼下，出任民主聯軍總司令。

林彪與中共的淵源最深，也可說是「共產世家」，原來他的叔父林育南和林育英，都是共產黨員，而林育南在湖北共產黨中的地位，較之於董必武還要高，林彪後來在黨內那麼活躍，這些家世淵源，當然有其關係。至於他的父親卻是一個小買辦階級，半生中一直當著某長江輪船公司的會計。林彪與惲代英發生關係最早，也可說他之加入共產黨，得有今天，完全是拜惲代英之賜。他在湖北讀中學時，便參加了惲所主持的湖北社會福利社，後來在黃埔又與惲加上了一層師生關係。他在中共黨中，因為年輕氣銳，活潑前進，一般老一輩的領導的人物，對他都另眼相看，所以他在黨內上上下下的人緣都保持得相當好，這也是他成功的條件之一。

三十、風流儒雅的將軍政客陳毅

陳毅在紅軍一般高級人物中，其氣質風格，確是與眾不同。他是一個十足的文人，卻做到紅軍中十大元帥之一，他是一個學科學的電機工程師，卻有著一副十足的政客派頭，他的家世出身、教育水準和政治才華，絕大部份和周恩來同一類型，因此，在共產黨中他以善於交際應酬見稱。他自留法返國後，即在重慶《新蜀報》當新聞記者，一直浮沉於文化界多少年。迨至北伐底定江西，他因與朱德有著同鄉同黨的雙重關係，乃離川赴贛依朱，不久，由於朱德的推薦，朱培德便派他為江西永豐縣的縣太爺，永豐歷來就是一個紳權很重的縣份，在初感受革命的風氣，一切自是積重難返，他看看這百里侯的味兒並不好受，三個月之後，便又掛印回到南昌去了。

他之參加葉挺部隊，大概就是這一時期，迨南昌暴動失敗後，也隨同葉挺南竄潮汕，成為葉挺部下基幹的中堅。他沒有如林彪、徐向前進過軍事學校，也沒有如彭德懷等的戎行資歷，但他出身於上等人家的讀書子弟，因此，也就以文雅風流的儒將自命，事實上，在中共那批元帥中，他的氣度與品質，該是出類拔萃的。

當葉挺在潮汕失敗，兵潰將逃，陳毅乃率領著殘部隨同朱德竄入湘南。民十七年的朱、毛會合，他也便成井崗山上的頭目。紅軍第四軍成立，下轄十、十一、十二等三個師，朱德以紅四軍軍長兼任第十師師長，毛澤東以紅四軍政委兼第十一師師長，陳毅竟也任第十二師師長。其後紅軍成立軍隊黨部，他便兼任軍黨委書記。不久，湘、贛邊區黨部開第二次大會，選出了十九名邊區特委，陳毅以第三名當選，名次僅在譚震林、朱德之下，卻遠高出於毛澤東多多了（毛被選為第十五名）。及至富田事變後，毛組織贛西臨時特區，他擔任特區書記，負起控制江西蘇區的全責，從這時起，他已成為毛的心膂股肱了。

在江西蘇區時，陳毅對於毛澤東的支持，並不下於朱德、彭德懷諸人。當毛受著湘南特委的壓迫時，他以軍委書記的資格，支持老毛的立場，反對湘南特委的放棄井崗山，以及分兵湘南的主張。後來李立三路線如火如荼時，紅軍大部份動搖了，陳毅見勢不佳，便以「入虎穴得虎子」的變戲手法，偽裝附和反毛派的主張，並隨之西渡贛江而赴湖南，在途中他使出了一套神妙的反間計，破壞了反毛派的獨立運動，給「立三路線」以意外的重大打擊。「富田事變」的敉平，固然是得力於彭德懷的鎮壓，但事變之前若無陳毅的暗施詭計，其局勢能否轉危為安，也還是個問題。

抗戰時期，中共曾經提出過收編南方各省紅軍游擊隊的要求，最初政府是不同意，後經要求再三，才勉強同意，但對於主持收編的人選問題，卻又發生了爭執。那時葉挺與黃琪翔剛自德國回來，在上海遇見陳誠，陳誠因與第三黨頗具淵源，也極想爭取他們共同抗日，同時也想利用葉挺對雙方具有和緩作用，乃決定由葉挺任新四軍軍長。其時陳毅還在贛粵邊境的山區，以他和毛澤東的歷史關係，又是葉挺的老部屬，因此，便派他任第一支隊支隊長。後來新四軍在皖南事變，由於第三戰區司令長官顧祝同的事前防範，和事發時的緊急處置，結果，葉梃被俘，項英被殺，而受益的卻是陳毅，因為葉、項既去，他於不久後便水到渠成的升為新四軍軍長。

陳毅對於毛澤東的主張，是極其忠實的執行者，以抗日時期一事為例，當抗戰中期，毛澤東眼看國軍經過數年的苦戰，戰鬥力已漸漸削弱，乃亟亟進行顛覆陰謀活動，積極到白熱化的階段。毛澤東曾指示中共中央東南局和新四軍，顯露出猙獰的面目，指示說：「西起南京，東至海邊，南至杭州，北至徐州，盡可能一切力量控制在我們手裡，獨立自主的擴大軍隊，建立政權，設立財政機關，徵收抗日捐稅，設立經濟機構，發展農工商業，開辦各種學校，大批培養幹部……我們要一面合作，一面鬥爭，我們更應強調鬥爭，不應強調統一。……」毛澤東這一陰謀手段，當時中共黨中頗有不少的人，認為這有背於民族抗日的利益，不肯贊同，也有人覺得不無顧忌，不敢明目張膽的搗亂，但陳毅在蘇北，卻能徹底執行毛的策略，盡力進行破壞。

陳毅的才華，不僅是個「儒」將，而且還是個政客，若將他所受教育與出身種種和周恩來相比，頗可稱為一時瑜亮。有人說他在蘇北時代的生存與發展，全賴他政治生活的藝術與才華，許多人都無法提防他這一手，而當時駐蘇北的韓德勤、李明揚，乃至於汪政權中的郝鵬舉等人的思想才智，又太不夠做他的對手，眼看他一天天發展而無法收拾，至於他的軍事成就，則太半得力於副手粟裕，如果將這些功績完全歸之於陳，該是不公平的。

後來中共對於陳毅在山東孟良崮消滅張靈甫軍一役，曾極盡誇張的能事，其實那一役中，如果不是劉伯承的大軍參入作戰，國軍的調度與戰鬥，不致手忙足亂、顧此失彼，質言之，陳毅也就無所施其技了。至於徐淮之戰，也仍以劉伯承為主力，徐州的失守，陳毅卻冒竊了劉伯承的戰功。

陳毅這人，是個風流倜儻自命的多情種子，對於女性，有著豐富的經驗，更有其浪漫風流的天才，他在江西打游擊時，曾有一套最現實的理論，他說：「女工隊、無線電、醫藥，是游擊隊的生命活力，沒有女人，則游擊隊沒有靈魂了。……」從這些話中，可以看出他的風流成性的本質了。當年毛澤東兄弟，在井崗山上與賀子珍姐妹結合，兄姊弟妹，對對雙雙，各得其所，以陳毅歡喜搞女人關係的本性，自然不免眼紅，其後毛澤覃被打死了，他便毫不客氣的將那「寨王小姨」賀怡接收代管去了。後來他坐鎮上海，雄視華東，他又和那玉貌娉婷的越劇皇后袁雪芬勾搭上了，而且以護花使者自豪，將袁雪芬帶到北平參加政協大會，使到秋氣蕭瑟的北平，平添了不少的春色。

三十一、以工運起家的劉少奇、陳雲

毛澤東與劉少奇，一個主黨，一個主政，儼然成為中共兩大巨頭，如果中共人事的安排是要根據功績歷史等一類成規的話，那麼劉少奇今日的地位與權勢，是與他的歷史功績不甚調和的，即就毛澤東對於「創造紅軍與蘇維埃運動」功勞簿上的紀錄而言，劉少奇也還是祿重功輕的。因此，有人認為劉少奇之有今日，主要還是由於他與克里姆林宮有著深厚的關係，同時，又是國際派唯一具有領導作用的總代表。此外，也還有人認為他是毛澤東「大湖南主義」的核心，以及他和老毛私人的密切關係，見仁見智，各有不同，如果我們將他的歷史細繹起來，當不難尋出他的原因所在。毛澤東是以搞農民運動起家，但劉少奇卻也是以工人運動發跡，他們倆人工作路線不同，但這一分工合作，不僅收到了平行並進，相輔相成的效果，而且也共同形成了所謂工農革命的基礎。當民國十一年秋，劉少奇開始踏進勞動界，嘗試著工人運動，那是他擔任江西萍鄉安源煤礦工會的委員長，領導礦工參加第一次罷工運動，從此，他便漸露頭角了。本來萍鄉安源煤礦，是屬於江西省的範圍，與他根本就風馬牛不相及，但因那時毛澤東正任著中共湖南省委會書記，眼見安源有著萬餘人的現代生產工人，無疑是發展工運組織的最好溫床，為了奪取安源煤礦工運領導權，便想方設法透過張國燾的關係（劉原任張的助手），派劉少奇前去活動。

安源煤礦，是當年頗負盛名的「漢冶萍公司」重要生產之一環，係由清末兩湖總督張之洞所倡辦。自從共黨勢力伸入後，工人的政治活動，漸漸為人所矚目，而劉少奇居此重鎮的領導地位，自然也成為新聞人物了。民國十四年，全國總工會成立，劉少奇以安源煤礦工人代表資格，參加第一次大會，居然一躍而為全國總工會的副委員長，不久「五卅」運動發生，中共利用這一機會祕密派他赴上海策劃活動，成立了上海各界反日運動組織，遂成為他發跡的開端。

北伐時期，毛澤東領導農民運動，活躍於華中各省，其後當選為全國農民協會主席，儼然成為農民運動的領袖；劉少奇即以全國總工會副委員長的身份，奔走於上海、漢口各大城市，儼然成為工運的導師。其時武漢總工會的主席，原是蘇兆徵，但蘇為廣東人，對於武漢的情形，遠不若劉少奇那麼熟悉而深入，故在武漢這一時期，所有工運活動一切大權，完全操之於劉少奇手中。當「寧漢分裂」之際，武漢工運在劉的堅強領導下，不到兩個月工夫，工會會員發展到三十萬人之眾，這不能不說是劉的領導天才。這年一月間，武漢方面以工人為主力曾經發動收回英租界的運動，這便是劉少奇平生罕有的傑作。今日劉在北平高踞新華宮第二把交椅，就曾以這段光榮歷史，作為支撐場面的招牌。國共分裂後，毛澤東揹著「馬克斯主義」上山，而劉少奇卻輾轉潛伏上海，祕密從事工人運動。

從表面上看來，這似乎是毛、劉之間的分道揚鑣，但事實上，他們是殊途同歸，而且收到了極佳的呼應配合作用。劉少奇的策動城市工人運動，以呼應毛澤東的農村游擊戰，在黨內支持了毛的游擊戰路線和毛在中共中央的立場，同時，也擴大了毛在全國的實力基礎。在黨外影響了一般輿論對國府的剿共抗日——安內攘外的決策，也延阻了若干剿共軍事行動。舉例來說：在陳紹禹繼李立三執掌黨權時期，毛、陳兩派形成尖銳的鬥爭，這時毛的處境確有相當的危苦，劉少奇就曾以工人階級領袖的資格，駁斥陳紹禹的反農民游擊戰論，反對奪取大城市的左傾機會主義，主張積蓄黨的勢力，以全力支持毛的路線。這次鬥爭的結果，陳紹禹被鬥倒了，毛的聲勢得以不墜，而且獲得轉機，奠定了老毛以後領導權的基礎。在毛、劉結合的過程中，這一共同作戰，具有其不可低估的歷史意義。

到了民國二十一年，劉轉入到江西蘇區，不久，仍被派赴各地作地下工作。在延安時期和抗戰之初，他擔任華北局書記，繼又調任中原局書記，新四軍事變後，再調充華中局書記兼新四軍的政治委員，後來新四軍在蘇皖邊區重建勢力，中共在該區內成立華東局，他又任華東局書記。

自「西安事變」到抗戰開始，中共成立了所謂「統一戰線」，可是陳紹禹與毛澤東兩派又發生了意見上的衝突，陳派主張既與國民黨合作，便應實踐合作的諾言和遵守合作的義務，而毛澤東則堅持主張一面合作，一面鬥爭。劉少奇又出面指責陳紹禹為放棄獨立立場，投降國民黨，斥陳由左傾主義一變而為右傾主義。到了民國三十一年，毛澤東為了再一次打擊反對派（陳紹禹一派自然也在內）發起「整風運動」，整頓「學風、黨風、文風」，劉這時正在華中局，首先響應，發表了一篇〈論黨內鬥爭〉長篇論文，對那些所謂左傾主義和右傾主義者加以痛擊，從此陳紹禹等各派理論，再也抬不起頭來了。

從上述這些過程看，劉之於毛，除了「大湖南主義」而外，還有著對政策路線和理論上的有力支持，亦步亦趨。以往曾經有人說他是國際派的首領，將要篡奪毛的地位與權力，從今日中俄共分裂的種種事實來證明，劉還是以毛的意見為意見，可知毛劉之間有著血濃於水的關係，而劉之將成為毛的繼承人，自也不必懷疑了。

中共在革命時，為了要爭取工人作他們的流血鬥爭武器，曾特別強調中國共產黨是無產階級組織的黨，等到建立政權後，又詭言是工人階級領導的人民民主專政，其實，這些都是騙人的幌子，到今日為止，中共中央黨政領導階層，真正工人出身的有那幾人？為工人謀的利益又在那裡？就我們所知，除了前面所述的利用他人生命，作為自己武器，以搞工運出身的劉少奇外，其唯一的真正工人點綴品，只有陳雲一個人。

當「五卅」運動前後，上海的工運，幾乎全部由中共把持了，那時陳雲正是上海商務印書館的排印工人，他秉賦本來聰明，印刷工廠的生活，接觸文化的機會特多，因此，也提高了他的政治水平，自從加入共產黨後，又曾經受過俄國的嚴格訓練，他的政治本質與思想境界，都遠非一般勞動工人可比，這是他在毛澤東的集團中，容易顯露頭角的主要原因。其次中共三十年來，幹部中流血犧牲者，以工運領袖為最多，其中如郭亮，蘇兆徵，鄧中夏，向忠發等，皆屬中共幹部的精華，而今碩果僅存的老牌工運領袖，只有陳雲與劉少奇。同時，陳一踏進共產之門，便屬於劉少奇的系統，劉既得道，陳雲自然也隨之飛升了。

陳雲在民國十八年前後，曾被緝捕而逃亡到莫斯科，不久，便奉命回到江西蘇區，到了二十二年又去俄國，直至抗戰發生，他再度隨同陳紹禹返國。在江西期間，服務於中共中央組織部，其時劉少奇組織所謂全國總工會，陳便成為總工會中的主幹，不久，劉奉派華北局書記，總工會便水到渠成的交由陳雲繼續主持，迨紅軍西竄至延安後，他的思想等等都已成熟了，於是居然成為中共黨校，陝北公學和馬列學院的教授了。

民國二十八年，他在毛澤東一手調整中共中央人事時，竟一躍而為農民部長，那時農民運動的唯一目標，是如何要農民增加生產，毛澤東所以對他會安排這一要職，原因還是利用他出身上海工商界，有一套善於經理和適應環境的才幹，藉以來壓搾農民的產品，以增加延安的收入。那時中共的經濟財政枯渴異常，而每月全部費用，需銀元三十二萬元，其中百中之九十是供給士兵的膳食，一個所謂部長級的幹部每月僅五元薪給，在那窮荒僻壤中，既無生產，又乏貿易，何來如許多銀元，唯一挖掘的辦法，是靠打土豪，勒捐獻。根據當時中共財部祕密報告：百分之四十至五十，是得自沒收，百分十五至二十，是人民的捐獻。其實，所謂沒收捐獻，一言以蔽之，只是向人民掠奪罷了。

可是人民的脂膏有限，中共的需索無窮，長此下去，勢必激起民變，毛澤東百計籌思，覺得只有乞靈於海派經理人才，也許花樣翻新有個萬一的希望，於是，先後調任陳雲為財政部長，財經主任等要職。故陳雲在延安的後一時期，已儼然成為毛澤東的米高揚了。也許陳雲特別走運，他履新後不久，中共紅軍改編為十八路軍，軍政費用全歸國民政府負擔，不但陳雲已不是五元薪給的部長，而且也輕輕易易渡過了那面臨的財經難關。

陳雲由工廠走進衙門，由工人翻身為部長，至於中共成立政權，他更成為全國唯一資本家毛澤東的經理，以他的經理長才，對於當年搞工運所標榜的所謂勞動階級人民的利益，早已拋到九霄雲外去了。毛澤東在特別賞識他之後，曾經說出一段鼓勵幹部搞好財經的話：「單是會打仗，不能算是一個好共產黨員，好共產黨員一定會做好財經工作了……」。

從這一段話中，可知財經人才對於中共黨內的比重，在今天也許比軍事，黨務人員還要緊得多了。

三十二、李石曾成為中共人材的保姆

民國八年，由於李石曾（煜瀛）的提倡，各省都組織有留法勤工儉學會，四川雖然閉塞在西南深山窮谷中，也因流風所被，同樣有了這類組織，自此之後，四川學生為了未來的出路，紛紛參加勤工儉學運動，像前面所述的陳毅，和後來由共產黨而投歸國民黨的任卓宣（一名葉青，後來到台灣）等，都是其中的佼佼者。聶榮臻因受這一運動的影響，在次年也以勤工儉學的資格赴法留學。

他在法國之初，也與陳毅一樣，學的是電器工程，後來轉往比利時，最後仍返巴黎，在克魯素兵工廠、萊諾汽車廠任技工，再次年，便在巴黎參加共產主義青年團。其時第三國際眼看中國留法學生的艱苦生活，便乘此機會實行花錢收買，並將他們轉到俄國受訓，於是聶榮臻便在民十三年由中共法國支部資送去莫斯科，初入東方大學，不久改入紅軍大學習軍事，從此奠定了他進入軍隊的基礎。

民國十四年，聶榮臻由莫斯科返抵廣州，那時國民黨正在聯俄容共，黃埔軍官學校剛好成立，他便因周恩來的介紹，居然擔任軍校教官和政治部祕書。次年國民黨積極進行北伐的準備工作，乃派他擔任葉挺獨立團的政委，後來葉挺與賀龍在南昌暴動，他也就因這一關係而參加。到了民二十年，他潛至江西蘇區，在紅軍中擔任政治工作，直至林彪升任紅軍軍長，他便以當年黃埔老師的資格，做其學生的政委，從那時起，他對林彪由師弟而變成了部屬長官的關係了。

他在紅軍西竄途中，還是個默默無聞的人，毛澤東的功臣簿上，就沒有提過他的大名。他的嶄露頭角，是自抗戰時期紅軍改編為第八路軍，林彪任第一一五師師長，聶榮臻任副師長兼政治委員，從此因緣時會，奠立了他領兵的基礎。當紅軍接受國民政府的改編不久，中共即在他的防區內，設立特殊化的軍區制度，聶被任為晉冀察軍區司令員，他以五台山為根據地，展開了私行擴軍破壞國軍行動的陰謀。他最初只不過二千餘人，但由他的游而不擊，儘量蓄養力量來壯大自己，所以一年以後，呂正操、李運昌等部相繼成立，冀西冀中完全打通，平綏路被他截斷，北平已在他的包圍中，最後連傅作義的十萬雄兵，也竟然用武無地，終於逼得將北平拱手送與他了。

傅作義不戰而降，聶榮臻以勝利者的姿態，高視闊步進入北平，儼然是功勳赫赫，不可一世。其實，這次的成功，確是太僥倖了。如果當時不是那班自命的名流學者（實際是左傾份子所慫恿），高唱局部和平，乃至於沒有鄧寶珊從旁動搖傅作義，以十萬雄兵，背城借一，雖不一定能挽回整個頹勢，但聶的進入北平，卻必然要付出相當代價了。

毛澤東北平政權建立後，曾經大封功臣，分藩授爵，有如古代王朝，如朱德、彭德懷、劉伯誠、林彪、陳毅、賀龍、徐向前等，曾被封為十大元帥。只是這些酬庸盛典，能夠享受的還是屬於以軍功起家的將領，至於搞政治黨務的文人，卻竟沒有這份殊榮異數，這顯然說明了毛澤東的心目中，認為中共的天下，主要是由這些元帥以血肉拚來的，但事實上卻並不盡然，如所周知，國共鬥爭了二十年，凡是在軍事的敵對狀態時，中共總是節節敗退，乃至逃竄，除此之外，國共雙方無論在明的方面或暗的方而政治鬥爭，國民黨總是處處居於下風，而周恩來運籌折衝，以和平使者身份，遂行其狐狸般的陰謀狡計，其所收到的成效，實不下於全部紅軍的戰功，這一點，即在中共歷史上也是不容掩沒的。

周恩來匹馬單槍與國民黨多數人作政治鬥爭，自民國十三年他任黃埔軍校政治部副主任，至三十六年國共政治協商破裂，前前後後共二十餘年，歷來他的對手方總是國民黨的一流政治人才，但在任何場合，他始終保持著他的優勢地位。在北伐之前這一階段，他以黃埔軍校政治部副主任的權力（主任是戴季陶，其中一大段時間，戴因病回吳興養病，周便成為事實上的主任），與惲代英、蕭楚女、葉劍英、聶榮臻、熊雄等在校內儘量發展共產組織，爭取黃埔學生對他好感與信仰，吸收學生入黨，後來中共擁有大批黃埔出身的軍事幹部，如林彪、徐向前、陳賡、蕭克等，都是由周恩來做橋樑，一手引渡過去的。

周恩來在黃埔的一切活動，校長蔣介石對他確實警戒備至，但他確在蔣、汪之間，施展出一套巧妙圓滑機智奸詐的老狐狸精手法，藉以迷亂他們的情緒，使蔣氏和一般國民黨籍的黃埔軍校當局，對他莫可奈何，他之所以保持那個地位，就全靠那一套巧妙玩弄的手法。那時毛澤東雖也在廣州，不過辦了一所農民講習所，對於黃埔軍校，根本不得其門而入，較之周恩來的地位，相差得太遠了。周在黃埔不但替中共建立了軍事基礎，在他個人也獲得了政治資本。後來國共分裂，他在上海被捕，其中救他安全出險的，也便是國軍中的黃埔學生。

自從國共分裂到西安事變之前，這一段軍事敵對時間，國共雙方無任何政治交涉，他也只限於黨內活動，到了西安事變，他又出現在西安，周旋於張楊與國民黨之間，談判折衝釋放蔣先生的問題。由於西安事變和平解決，國共雙方在姿態上固然恢復了合作，在政治上也就恢復了鬥爭，而擔任政治攻勢主角的，始終是周恩來。中共藉著民族統一戰線的旗幟，高唱抗日，派周恩來為代表，常川戰時陪都重慶，並擔任著政治部副部長之職，引進了許多共產黨文人參加政治工作，其中如郭沫若之流，便是由他的關係而擔任政治部第三廳長。其對手首先是陳誠，後是張治中。

本來兩黨合作抗日，國民黨確具有真誠的動機，但中共卻始終把它當作一種陰謀策略，周恩來便是執行這一陰謀策略的人物。他與毛澤東雖然相距遙遠，卻能應節合拍的唱雙簧，他一面裝著偽善，對國民黨賣弄風情，可是毛澤東卻在延安大唱其反調，聲言不能事事接受統一戰線的約束，而要一面合作，一面鬥爭。每當政府向他提出質問時，他總是裝成滿腔苦衷，以他唯一拿手好戲巧言令色來解圍，使到國民黨人為了顧全抗戰大局，明知著了道兒，也甘心受他愚弄。他在重慶這一時期，除了爭取了國民黨的信任外，也贏得了不少的所謂民主人士的傾向，造成了有利於延安的輿論，展開了對美國人的聯繫與好感，掩護特務，刺探國民政府的軍政內幕消息。這些傑作對於後來騙取馬歇爾的同情和贏得共產黨瓦解國民黨，實具有不可輕估的價值。

周恩來在政治鬥爭上所表演的政治藝術，不能不令人拍案叫絕，他在悠長的談判歲月中，他總是不屈不撓，耐心的周旋下去。凡是他要堅守的防線，必用其最大的毅力堅持維護到底，絕不退讓分毫，儘管在態度上如何卑詞屈禮，但他的防線卻屹立如泰山。有時他有所爭論時，則悲壯陳詞，聲淚俱下，如怨如慕，使到對方總覺得有所不忍，如當年討論蘇北區的行政問題時，他便痛哭流涕說：「淮安是我的故鄉，我被迫流浪了二十年，你們到今天還不讓我回家嗎？」遇到這些場合，他總是這樣軟軟硬硬，表演出高度的藝術，來爭取人們對他的同情。在歷史上，像這樣有聲有色的表演，除了《三國演義》所渲染的劉備哭荊州外，再也找不到第二個例子來哩！

如果說，一部中共三十年鬥爭史，滿紙都染有血漬和淚痕，雖然那血漬是紅軍將領所流的，但無可懷疑，那所有的淚痕便是周恩來所流的。他這種政治藝術，不僅贏得了他對國民黨鬥爭的成果，同時也贏得了他在黨內成為不倒翁的地位。在中共黨內任何成功的人，都經過了千磨百煉、脫胎換骨地鬥爭，多少人曾經風雲一時，不旋踵又被打入到深淵中，唯有他自從在法國加入共產黨後，總是扶搖直上，穩如泰山。民國十六年他當選為中央政治局委員，十九年任中央政治局書記，迨抵延安，他已是中央政治局的副主席了，拿當前中共中央政治局的人事來說，只有他是唯一碩果僅存的元老了。

周恩來在中共黨中，有一套新官僚主義作風，沉機觀變，不標新立異、不妄作主張，誰當權便服從誰，不輕露個人野心。他這套處事之方，並不是從馬列主義中修養來的，而是封建社會的書香世家陶冶而成的。他原籍浙江紹興，是全國聞名的「師爺」的產地，他家庭又是累世師爺，祖父和外祖父做過江蘇淮安和淮陰的知縣，伯父也是「名幕」，出生在這樣的家庭，自然養成了他的溫文儒雅，彬彬有禮的氣質。他從小失去母親，祖父便將他接到淮安任所去教養？以後即定居淮安，故南京政協時，他居然以淮安人的資格，力爭蘇北的行政管轄權。十三歲以後，又到瀋陽去依伯父，他就在這樣的家學淵源中，教養薰陶出來的，他今天成為毛朝的「首席師爺」，實在是淵源有自，而不是偶然的。

中共的幹部，大多數是椎魯不文，因為很少有受過完全教育的。周恩來與陳毅等雖然歷經鬥爭而始終不倒，大概他們所受教育的關係，也是原因之一。周在民國三年考入天津南開中學，從此接受了新的教育洗禮，接觸到新的思想，在南開四年，廣泛的展開了社交的活動，他組織過學生團體——敬業樂群會，也演過嬌嬈側媚的旦角戲，在場看過的人，一致認為他有劇藝的天才。畢業後，他赴日本早稻田大學，不久回國，再度考入南開大學，在「五四」運動中，他因參加學生請願，被捕入獄，從此思想劇激變化，又在天津組織「覺悟學會」。民年九年，以參加勤工儉學去法國留學，兩年後轉赴英國，再一年又到俄國，在這四年中，他參加了共產黨的政治活動，也提高學問識見的修養，這對於他後來處事接物，周旋折衝，具有優良的政治條件，是有著極大的關係。

周恩來與毛澤東的相處，是很能融洽無間的，原因之一是，毛、周二人都是小資產階級的家庭出身，在思想本質與發展路線上，是完全相同的。其次是，毛澤東具有湖南人的蠻狠的民族性和英雄主義，而周恩來則具有紹興師爺的傳統，對主兒委曲恭順，對政治機智黠巧，打圓場、出主意，是周的拿手傑作，他們之間的倚畀與合作，正收到了相得益彰的效果。在今後緊張複雜冷戰、熱戰交替互用的國際風雲中，周恩來可能會有更多的新花樣表演出來。

三十三、中共的問題人物李立三、陳紹禹

毛澤東當年登上井岡山，目的是搞槍桿子，建立自己的武力，進行軍事獨裁，到了西竄遵義，軍事獨裁的形勢已大致形成；到了陝北中共舉行七全會議時，已完成了

清一色的獨裁偶像了。在這一段期間，儘管中共黨內發生了多次的激烈鬥爭，但最後都一一失敗在他的槍桿子下，如非屈服只有脫離，否則，順我者生、逆我者死，展望中共黨內的群雄，不僅沒有和毛澤東抗衡的人，即稍有問題的人物如：徐向前、李立三、陳紹禹輩，也早已屈服的屈服，沒落的沒落了。這三個問題人物，除徐向前已概略敘述外，再將李立三、陳紹禹補述于後，作為本文的收場。

提起李立三，便不能不談談「李立三路線」，它在中共的歷史中占有重要的一頁，不但中共文件中留存的紀錄，足以彙集成帙，即毛澤東的文章和講演稿中，也有著連篇累牘的關於批判攻訐他的寫作，可見毛澤東對於這位「中國列寧」的浪漫冒失作風，真是談虎色變。當李立的右傾主義成為一股泛濫狂潮時，曾使毛澤東受著嚴重的打擊，甚至險過剃頭（如富田事變），如非老天留情，他早已陽溝翻船，沒落到濁流中去了。大概在老毛一生中，從未遇到過像這樣的莽撞冒失鬼，他在痛心疾首之餘，終身念念不忘這些事，這一來，李立三沒落的命運便被注定了。

李立三的浪漫革命作風，是與他在法國留學有著重大的關係，民國十年，他以勤工儉學赴法，一個農村出身的青年，初次和資本主義社會相接觸，心理上很自然的發生一種革命觀念，又遇上那時法國革命思潮的激盪，他便跑到馬克思主義領域中去了。民國十二年，他與周恩來、張崧甫、陳延年諸人共同組織中國共產少年團（即中共在法國支部的前身），他們開始了政治活動，不久，這團中便有部分份子被第三國際收買，他便是其中之一。

李立三這批人在法國，名義上是留學，實際上，除政治活動而外，唯一的工作，便是在中法文化團體中爭庚子賠款的補助金和北洋政府發給的救濟維持費，「里昂大學」便成為鬥爭的主要目標，認為該校分潤了這筆錢，李立三即鬥爭中的領導者。這些不時而來的鬥爭，曾使法國政府頭痛萬分，最後迫得法國當局採取了一項頗不文明的處置，派出大批軍警，以遞解出境的手段，將他們這批梁山泊的好漢一百零八人押解回國。從這役起，他對社會仇恨的心理愈趨強烈，他後來不惜以一切仇恨手段對付敵人，成為共產黨中激烈前進的左派份子，大概與這遞解事件有著重大關係。

他從法國遞解回來後，即投身參加工人運動，不久，便是「五卅運動」，他居然一躍而成為上海總工會委員長。之後，他以中華全國總共會代表的資格，出席莫斯科世界勞動大會，會後，即留在莫斯科接受共產主義的洗禮，他以熱心、衝動、信仰狂熱……而獲得克里姆林宮的賞識，認為是一個最忠實的執行克宮訓令的黨徒，他受寵若驚之餘，返國之後，也就居然以「中國列寧」自命。

南昌暴動之役，他是革命委員會委員兼政治保衛局局長。廣州暴動時，張太雷被捕槍斃，他又繼張而任廣東省委書記。他就憑這股衝勁，人家認為最艱險的工作，裹足不前，他卻偏偏要去嘗試一下，但廣州暴動終於絕望了，他再逃回上海，最後又逃往莫斯科。這時，正是瞿秋白指導各地的暴動，都遭到失敗，克宮斥為盲動主義，於是以第三國際的名義，令中共在莫斯科召集六全代表大會，以檢討過去的政策，並決定爾後的方針，大會中，選出了向忠發為中共中央總書記，而李立三也一躍而為政治局的常務委員兼宣傳部長。

這一來，使他成了十足的信仰狂，儘量發揮他的衝動，將中國革命掀成為排山倒海的狂潮。直有如狂漢的豪賭般，乾坤一擲而面不改容，這時他的權力，凌駕向忠發、周恩來諸人之上，整個中共的黨權，被他一手操縱了。當國民政府討伐馮閻的時候，他認為中國革命的高潮已經到來，正是中共奪取政權的有利時機，同時也是世界革命的起點，他使中共中央政治局通過了一項決議案，主張中國只須一個政治總罷工，便可形成全國直接革命的形勢，從而武裝暴動；建立蘇維埃政權。一方面以武漢為全國中心，組織總暴動，指揮武漢以外各地的紅軍，齊同武漢進攻。另一方面取消紅軍一貫的游擊戰，進行大規模的攻城戰。他這孤注一擲的決議案，便是中共黨史上和毛澤東的腦海中，永遠無法磨滅的所謂「立三路線」。

「立三路線」的立場，在國際方面，使到克宮也為之震驚，認為他這種魯莽、幻想主義，是企圖使中國成為世界革命的中心，這樣連蘇俄的領導地位也否定了，因此，史達林也認為他是准托洛斯基主義者，而深痛惡絕。在毛澤東方面，認為李立三有意將他辛辛苦苦搞起的紅軍，當著賭場上的孤注，作兒戲般的去犧牲，因此，對於李立三直視同洪水猛獸，動魄驚心。儘管客觀的形勢是如此，但李立三卻挾著中共中央的權力，堅持他的立場，貫徹他的主張。老毛明知紅軍進攻大城市，必然要慘遭失敗，但又無法不遵從中央政治局的命令。最後只有俯首聽命去執行他的行動，攻長沙、陷吉安、圍南昌、窺九江，大有一舉而席捲武漢之勢，終於在國共雙方搏鬥中，「立三路線」全部失敗了，李立三這個弄潮兒，也被這次驚濤駭浪，打擊得再也抬不起頭來了。

民國十九年，第三國際批准了對李立三的譴責，中共仰體這個意旨，在上海召開三中全會，對他清算。但李立三在黨和軍隊中，亦有他的強大號召力，不僅沒有把他清算倒台，而且相反地給毛一個「富田事變」的反擊，幾乎使老毛吃不了兜起走哩！直至史達林下令米夫（俄國派駐中共的導指監督人）和陳紹禹，中共再在上海召集四中全會，重行檢舉他的責任，才被解除職務，被迫赴俄接受察看的處分，從此，李立三的政治生命宣告中斷了。

他赴俄國一去十五年，飽嚐著長期洗腦的生活，無聲無臭，在紅色世界中等於沒有了這個人。直至日本投降的前夕，馬倫諾夫斯基統率著兇殘腐敗的蘇俄紅軍進入東北，李立三化名李敏然，悄悄地又在東北出現了，馬林諾夫斯基奉命來到東北，目的只是劫掠，克里姆林宮開出了一張清單，於是，東北各大城市所有的工廠的機器，客廳裡的沙發，天花板上華貴的水晶燈等等，除了馬路上的垃圾桶不要外，一律被搬送到克里姆林宮去了。這一傑作，便是當年中共領導領人物——中國列寧所幹出來的。

李立三自從歸降到毛澤東的寶座下後，毛對他也不為已甚，任他為勞動部長，他在分得這杯羹後，為了表示對毛的忠誠，根據著毛澤東新民主主義的經濟最高理論，放棄了自己的正統馬列主義立場，擬訂了一套「勞資兼顧，公私兩利」所謂的〈中華人民共和國工會法〉，將工人八小時的工作，提高到十至十二小時，這還不算，還要減酬、捐獻……工人們在這種剝削徵斂下，生活在死亡線上掙扎，工作在粗製濫造中鬼混，終於造成了「勞資兩不利，公私難兼顧」的死結。

李立三生平的歷史，就是這樣多采多姿波浪似的起伏著，當他風雲際會時，就如直昇飛機的直線昇上，要風有風、要雨有雨，當他楣運當頭時，又如斷線的風箏，狂風一捲，直墮九淵，這種英雄沒落的情形，在中共人物中，是富戲劇性的了。

當年「立三路線」的瘋狂豪賭，幾乎使到毛澤東無法招架，費了九牛二虎之力，以生命相拚，才算是將它清除了，哪知前門去虎，後門進狼，又引來了「王明路線」，而且這「王明路線」的勢力，威脅到瑞金區的獨立王國，毛澤東在屢經艱苦鬥爭中，雖然贏得了最後勝利，「王明路線」在不久的短暫時期中，便被他打垮了，但老毛本人卻也弄到精疲力竭。

所謂「王明路線」，就是陳紹禹主持中共黨中央所定的政策主張。陳紹禹能有如此不可輕侮的威力，主要原因：第一是得著第三國際駐中共的監督人米夫的就近直接支持，其次是陳乃留俄派中所謂「二十八個標準的布爾什維克」，史達林認為陳是個極能執行命令的「可教的孺子」，米夫更秉承史達林的意旨，維護得無微不至，而陳也就成為所謂國際派的寵兒了。從這時起，米夫指導中共，即以這批人物為基礎，而這批人物亦以米夫為中心，儼然形成了米夫小集團，號稱「國際派」，中共中央即由他們統治了一個很長的時間，而且造成了重大的影響。

陳紹禹在中共人物中，夠得上標準的「正途出身」，他是史達林為著發展中國革命而成立的「東方勞動大學」製造出來的貨真價實的共產黨徒，也就是米夫的學生（米夫繼蘇俄政論家拉狄克為該校校長，有「中國通」之稱）米夫是史達林擁護者，對於培養中國革命幹部，自然是極盡籠絡維護之能事，他們以尊奉蘇俄為祖國的立場，自行標榜所謂「二十八個布爾什維克」，陳紹禹便是這個陣容的領袖。但這批俄化的布爾什維克中，也彼此互相傾軋，各不相下。如劉少奇、任弼時、李富春等以幹部的資格，雖然同樣在俄留學，但在陳紹禹等眼中看來，卻說他們是「半途出家」的逋逃客，採取相當的輕蔑態度。但劉少奇們對於陳紹禹、秦邦憲、張聞天、王稼祥等這批只高唱理論，毫無實際經驗的後生小子，也抱著鄙視的態度。

當民國十六年武漢情勢惡化，陳紹禹奉克里姆林宮派遣回國，受鮑羅廷的指揮，從事組織工作，武漢分共之際，他再返莫斯科，兩年後，又奉命返滬，任全國工會宣傳部長。再次年，米夫奉派來華，他任米夫侍從兼翻譯工作，經常不離左右。後來中共內部齊起反對「立三路線」，他便是其中最激烈的一個，毛澤東鬥垮李立三，如果不是陳紹禹恃米夫為背景，助毛一臂之力，則孰勝孰敗，尚在不知之數呢！

李立三被鬥倒後，向忠發也隨而去位，乃由陳紹禹繼任中共中央總書記的寶座，「一朝權在手，且把令來行」，陳紹禹得位後，即大刀濶斧的推行他的統治計劃，在人事布置上，自中央以至地方黨部，一律代之以國際派或與他有關係的人物，實行全黨的國際派化，老的人大部份被清除了。毛在勢不兩立的情緒下，不能不出以最後的手段，到民國二十一年夏，陳紹禹適因事自滬去瑞金赤都，毛澤東突將陳扣留了。

陳紹禹遭此突如其來的變故，一時竟莫知所措，還是米夫替他下台，卻以他的同路人秦邦憲繼任總書記職，而他以中共代表的資格，派駐第三國際。這樣一來，他的力量不但沒有垮，而且儼然成為中共的太上總書記，秦邦憲只是蕭規曹隨的繼續他的作風數年之久（直到遵義會議為止）。因為他在俄國保有穩固的背景，秦邦憲賴他為支持的柱石，他亦藉秦在黨內握有實際權力，壯大自己的聲勢，內外呼應，使他在黨內與國際兩方面，依然擁有相當的發言地位。

陳紹禹這個人，在毛澤東眼中看來，是一個極端的「左傾機會主義」，百分之百的布爾什維克化，他比李立三更左，因此，對於毛澤東的「馬克思主義中國化」，恰是針鋒相對、勢難兩立，有人批評他倆，一個是「羅夫斯基」，一個是「金木水火」，根本沒有妥協的餘地。後來在延安時期，毛澤東提出了〈關於若干歷史問題的決議〉，道是一篇徹底清算二十年來中共領導人物的思想總帳，積極的是，以法定的形式，奠立毛的思想正統化。而在消極方面，則是判定「王明路線」和陳紹禹其人的永遠幽禁，罪在不赦。

毛澤東以「最後的敵人就是最大的敵人」的觀念，對待陳紹禹，連那個冷衙門的「法律委員會」主任的位置，都一腳踢翻。陳紹禹潦倒在最現實的北京紅朝中，眼看許多被他統治的人，各個聲勢煊赫，只有他是冷冷清清凄凄慘慘切切，細想前塵，真有不堪回首之感了！

Do人物42　PC0511

毛澤東在井崗山

原　　著／盧強、史補之
主　　編／蔡登山
責任編輯／盧羿珊
圖文排版／連婕妘
封面設計／蔡瑋筠

出版策劃／獨立作家
發 行 人／宋政坤
法律顧問／毛國樑　律師
製作發行／秀威資訊科技股份有限公司
地址：114 台北市內湖區瑞光路76巷65號1樓
電話：+886-2-2796-3638　傳真：+886-2-2796-1377
服務信箱：service@showwe.com.tw
展售門市／國家書店【松江門市】
地址：104 台北市中山區松江路209號1樓
電話：+886-2-2518-0207　傳真：+886-2-2518-0778
網路訂購／秀威網路書店：https://store.showwe.tw
國家網路書店：https://www.govbooks.com.tw

出版日期／2015年9月　BOD一版　**定價**／380元

獨立作家
Independent Author
寫自己的故事，唱自己的歌

毛澤東在井崗山 / 盧強, 史補之著. -- 一版. --
臺北市 : 獨立作家, 2015.09
面； 公分
BOD版
ISBN 978-986-92064-4-0(平裝)

1. 紅衛兵 2. 文化大革命

628.75 104013759

國家圖書館出版品預行編目

讀者回函卡

感謝您購買本書，為提升服務品質，請填妥以下資料，將讀者回函卡直接寄回或傳真本公司，收到您的寶貴意見後，我們會收藏記錄及檢討，謝謝！

如您需要了解本公司最新出版書目、購書優惠或企劃活動，歡迎您上網查詢或下載相關資料：http:// www.showwe.com.tw

您購買的書名：______________________________

出生日期：________年________月________日

學歷：□高中（含）以下　□大專　□研究所（含）以上

職業：□製造業　□金融業　□資訊業　□軍警　□傳播業　□自由業

□服務業　□公務員　□教職　□學生　□家管　□其它_____

購書地點：□網路書店　□實體書店　□書展　□郵購　□贈閱　□其他

您從何得知本書的消息？

□網路書店　□實體書店　□網路搜尋　□電子報　□書訊　□雜誌

□傳播媒體　□親友推薦　□網站推薦　□部落格　□其他__________

您對本書的評價：（請填代號　1.非常滿意　2.滿意　3.尚可　4.再改進）

封面設計____　版面編排____　內容____　文／譯筆____　價格____

讀完書後您覺得：

□很有收穫　□有收穫　□收穫不多　□沒收穫

對我們的建議：______________________________

____

____

____

請貼
郵票

11466
台北市內湖區瑞光路 76 巷 65 號 1 樓
獨立作家讀者服務部 收

（請沿線對折寄回，謝謝！）

姓　　名：____________ 年齡：______ 性別：□女　□男

郵遞區號：□□□□□

地　　址：______________________________

聯絡電話：(日) ______________ (夜) ______________

E-mail：______________________________